GÉNÉRAL BIGEARD

MON DERNIER ROUND

éditions du ROCHER

ISBN : 978-2-268-06673-8

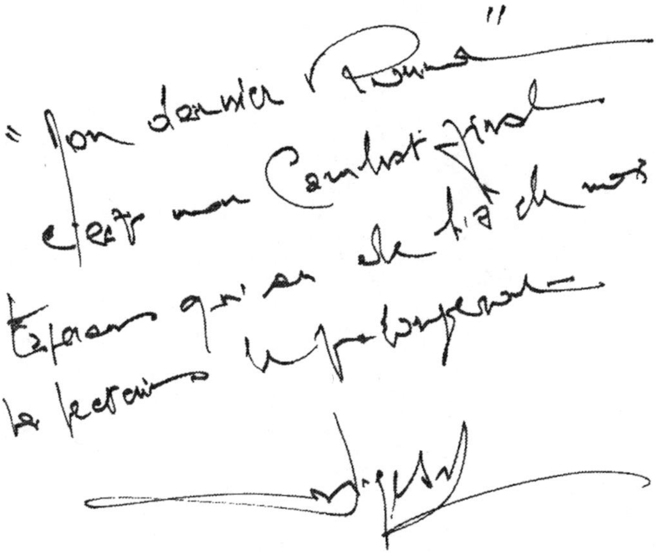

Mon dernier round,
c'est mon combat final,
espérant qu'au-delà de moi
les lecteurs me prolongeront.

Marcel Bigeard

Avant-propos

Je me suis battu sur tous les fronts, sur toutes les lignes de feu que la France a tenues : la Seconde Guerre mondiale, l'Indochine, l'Algérie, l'Afrique, l'océan Indien… autant de champs d'honneur pour moi, même lorsque nous avons connu la défaite. Je me suis battu aussi dans une autre jungle, celle des politiques, comme secrétaire d'État à la Défense et comme député. Les combats ont été plus ou moins rudes selon les terrains. Les ennemis – que j'ai d'ailleurs toujours respectés – ne m'ont pas fait de cadeau, et je le leur ai bien rendu.

Mais la lutte que je perdrai sans aucun doute, comme nous tous, c'est la lutte contre l'âge. Je fais tout pour gagner cette dernière bataille. Jamais je n'abandonne et chaque jour je me bats et me battrai jusqu'à mon dernier souffle, comme je le dis depuis toujours.

En ce mois d'octobre 2007, au moment où je commence ce livre, comme en ce mois d'octobre 2009, au moment où je l'achève, j'ai la chance d'avoir encore toute ma tête, le bonheur de ne pas être gâteux. Les ouvrages que j'écris et le courrier volumineux que je reçois, les lettres formidables de jeunes et de moins jeunes m'aident à prolonger ma vie, et je tiens à remercier, avant tout, ceux qui se donnent la peine de m'écrire et de m'exprimer dans leurs lettres leur fidélité et leurs préoccupations.

Je reviendrai sur l'âge et le temps à la fin de cet ouvrage, pour clore le livre comme on referme une vie, car le dernier instant viendra et contre lui, je ne peux rien. Je tiens bien sûr à me présenter là-haut dans le meilleur état possible – le meilleur état physique et moral. Et juste avant de perdre conscience définitivement, à l'instant ultime, je me retournerai sur mon passé et pourrai le quitter fièrement.

Je vis « mon dernier round », debout et toujours combatif, comme je l'ai été durant toute mon existence. J'ai mené une vie droite, de dignité et de rigueur, au service de la France, ce qui me permet d'espérer que le Père bon Dieu m'accueillera en déroulant un tapis rouge, car des gaillards comme moi, on n'en fait plus. Ça peut paraître prétentieux d'écrire de tels mots, mais je crois vraiment que ce fameux « con glorieux » que je cite souvent en parlant de moi, est une espèce en voie de disparition. Le regard que je porte sur notre pays et sur la plupart des gouvernants me montre bien que se battre pour les autres, pour sa patrie et pour la gloire, de manière totalement désintéressée, est une notion qui semble dépassée, d'un autre siècle, d'une bonne partie de ce XXe siècle que j'ai vécu tambour battant.

Avec cet ouvrage, je voudrais transmettre mes valeurs, en souhaitant que certains les appliquent et les transmettent, à leur tour, à leurs enfants et à leurs proches. Et que leurs descendants recommencent. Comme je l'écris de ma main en page d'ouverture, *Mon dernier round* c'est un peu mon combat final. Espérons qu'au-delà de moi, mes lecteurs le prolongeront.

J'ai déjà écrit de nombreux livres: celui-ci est le quinzième. On comprendra en le lisant ce que signifie le sens du sacrifice, pour ce qu'il y a de plus grand: la liberté. Tout le monde sait que je ne me suis jamais gêné pour donner mon avis, sans prendre de gants. Ça en a choqué plus d'un, mais au moins on savait ce que je pensais.

Déja en 1957, quand j'écrivais mon tout premier album, avec mes gars d'Algérie, *Aucune bête au monde*, je regardais la France droit dans les yeux, avec sincérité et amour. Je pouvais me le permettre, comme je me le suis toujours permis, et encore aujourd'hui. Oui, je peux me retourner sur ma vie sans rougir, en déroulant tout le film pour en rappeler les leçons principales.

Avec ce *Dernier round*, tout en passant le relais, je voudrais crier une fois encore ma vérité, surtout à la jeunesse. Faire un point sur l'état de la France au moment où je me prépare à la quitter, tôt ou tard. Il faut être réaliste, j'ai plus de quatre-vingt-treize ans en ce mois d'octobre 2009: dans un an ou dans dix, ou peut-être un peu plus, je ne serai plus de ce monde. Autant raconter les événements de ces toutes dernières années, tels que je les ai analysés, en les comparant avec les années de ma jeunesse. Oui, je peux marcher la tête haute, même si ces derniers temps, je commence à délaisser le pas martial et cadencé. Mais l'esprit est là et c'est lui qui fait avancer le corps. Et c'est ce même esprit qui me permet de porter un jugement sur les autres, mais sur moi-même avant tout, sans me prendre au sérieux, en relativisant les succès, en sachant également me juger avec distance et humour, car il faut avoir de l'humour : la vie serait trop triste autrement.

Ma principale préoccupation à l'hiver de ma vie, comme cela l'a toujours été, c'est la France. Je ne reconnais plus mon pays ! La France, que je vois vivre aujourd'hui, n'a plus rien de commun avec celle que j'ai connue quand j'étais jeune, et même jusqu'à la fin des années 1970.

L'ambition du pouvoir et l'argent priment sur tout, partout. Un véritable ouragan qui emporte sur son passage toutes les valeurs, et nos habitudes de vie.

Certains consomment outrageusement et tondent la laine sur le dos des moutons, plus vite qu'elle ne repousse. D'autres s'endettent trop, au risque de ne plus pouvoir rembourser, de se retrouver ruinés et de voir leur logement, leurs meubles et leur voiture saisis par les huissiers. Cet argent fou, qui se gagne et se perd plus vite que jamais, a fait oublier la valeur du travail.

Un pécule se bâtit avec le temps et l'effort, et peu à peu on trouve le moyen de s'acheter une petite maison, avec l'espoir d'en avoir une plus grande, un jour peut-être. J'ai vu trimer mes parents, toute mon enfance et ma jeunesse. Ma mère rêvait d'un toit bien à elle. Elle a économisé sou à sou, et elle y est arrivé. C'était sa fierté, la fierté d'avoir réussi elle-même à construire son petit patrimoine. Elle a été pour moi un exemple que j'ai toujours suivi.

Je ne suis pas né avec, comme on dit, une cuiller en argent dans la bouche. Mais j'ai su économiser, au fil des années. J'ai débuté ma vie sans un sou en poche, et Gaby n'a pas été une riche héritière non plus. Je ne critique pas ceux qui savent raisonnablement gagner de l'argent. Mais à notre époque, certains veulent tout, tout de suite, en travaillant le moins possible. Ils sont éblouis par les énormes salaires que touchent parfois certains grands patrons, même quand ils viennent de couler leur entreprise.

On commence à constater les conséquences de la consommation à outrance. Que dire des changements climatiques ? Quand j'étais jeune, nos parents attribuaient la moindre tempête un peu exceptionnelle, les grandes chaleurs ou les grands froids, à la « bombe atomique », comme ils disaient. Mais aujourd'hui on sait que la bombe, c'est avant tout la conséquence de ce que les hommes consomment sans compter, tout ce que la terre renferme. On nous annonce que le charbon manque, que le pétrole viendra également à manquer, mais surtout que l'eau va se raréfier.

Et c'est comme ça dans tous les domaines où le manque de rigueur et de sens moral est la cause de nos malheurs.

Comment peut-on accepter une Corse où l'on assassine encore, pour faire justice soi-même ? Où l'on tue un juge ou un instituteur pour des raisons qui échappent à toute logique ? Un rapport officiel récent estime que plus de quarante mille armes clandestines circulent sur l'île ! C'est inacceptable dans une région qui fait partie intégrante de la République. Comme les autres, elle doit se conformer aux lois de notre pays.

Et la moralité en politique, ou dans les affaires ! Il semble ne plus y avoir de limite. Régulièrement on découvre de nouveaux trafics, au plus haut niveau. On nous annonce que la police enquête, puis que la justice prend le dossier en main : les années passent, et on retrouve tous les acteurs en liberté, faisant la une des journaux sur d'autres sujets.

Que sont devenues les affaires retentissantes dont les noms nous marquent puis disparaissent dans l'oubli ? Le scandale du Crédit Lyonnais où quinze ans plus tard on apprend les montants fabuleux qui étaient en jeu. Celui des frégates de Taiwan par exemple ? L'affaire des HLM de la ville de Paris, les emplois fictifs, l'affaire Falcone ? Et aussi l'affaire EADS, qui cache une opération financière de grande envergure, où tout est si emberlificoté qu'on n'y comprend plus rien ! Et le dossier Clearstream qui démontre encore les méthodes de certains hommes politiques ou de grands pontes de la finance. L'affaire des comptes cachés de l'Union des industries et métiers de la métallurgie, caisses noires qui servaient à arroser les syndicats de toutes sensibilités ! Qu'on aille après ça s'étonner que les employés et les ouvriers se détournent des syndicats ! Comment faire confiance à ceux qui se font entretenir par la partie d'en face !

La liste serait certainement bien plus longue, hélas, si l'on voulait ressortir tous les dossiers soi-disant « classés », qu'on pourrait plutôt qualifier de dossiers enterrés, dont nous n'entendons plus parler ! Et ceux qui ont entraîné mort d'homme, comme le décès de Robert Boulin en 1979, dont le corps a été retrouvé dans un étang de la forêt de Rambouillet, la mort de Pierre Bérégovoy en 1993, dont on n'a jamais su s'il s'agissait d'un meurtre d'État ou d'un suicide…

Que dire aussi du sport qui a perdu trop souvent sa vérité ! Les matches et les paris truqués. Le dopage… Depuis l'antiquité, le sport c'est la beauté de l'acte, la force de l'homme, le courage et la volonté. Et nous avons la chance de pouvoir compter en France un David Douillet ou un Alain Bernard qui a su se distinguer en natation aux jeux Olympiques. Heureusement qu'ils sont là pour laver la honte de ceux qui n'hésitent pas à avaler toutes sortes de substances illicites pour gagner le pouvoir et l'argent.

Mes sportifs à moi s'appelaient Cerdan, Bobet, Mimoun, Zátopek et de nombreux autres qui étaient de vrais modèles pour la jeunesse. Les sommes en jeu ne les poussaient pas au dopage pour vaincre à n'importe quel prix.

Et ces statistiques qui reviennent sur la consommation de drogue, le cannabis, la cocaïne, l'héroïne… On les évalue. On les compare : « Davantage de consommation cette année que l'année dernière ! », « Des drogues sont de bonnes ou de mauvaise qualité », « Lesquelles sont les meilleures ou les plus consommées… », comme s'il s'agissait de choses normales. Dans ma jeunesse, la drogue, on ne connaissait pas. L'alcool, oui, véritable fléau qui faisait déjà des ravages.

Et l'argent, l'argent, l'argent qui fait de l'argent en dormant, la course à en faire toujours davantage, par tous les moyens ! Il faut arrêter de ne vivre que pour l'argent. Tant d'autres choses ont de l'importance ! L'affaire Kerviel a été une terrible démonstration des dérives de l'argent fou. La crise n'est pas venue à bout des super-riches qui ont perdu des fortunes en Bourse mais continuent de s'enrichir avec des salaires qui atteignent parfois jusqu'à six millions d'euros, sans compter leurs stock-options et leurs parachutes dorés, et qui vont cacher pour certains leur magot dans les paradis fiscaux, pour échapper à l'impôt français.

Que sont devenus les vrais principes, les vraies valeurs des hommes ? Serait-ce cela la France, dont le peuple devrait être fier ? Notre pays dans lequel un Français sur deux craint de devenir SDF, alors que, dans ma jeunesse, on ne croisait jamais de personnes sans domicile fixe !

Quand le mauvais exemple est donné par les responsables d'en haut, comment enseigner aux jeunes le respect des valeurs ? Toutes les vertus qu'on nous apprenait à l'école, dans les cours de morale notamment... oubliées ! Piétinées ! On préfère donner des primes aux élèves pour être certain qu'ils vont bien venir en classe. Et oser évoquer cette satanée morale est devenu « ringard » !

Oui je m'emporte quand je vois depuis des années mon pays s'engager sur des chemins dangereux, quand je constate toute cette gabegie, l'argent pour seul idéal, le laisser-aller, les banlieues à la dérive, l'immigration, la progression rampante de l'islamisme terroriste, la politique de girouette de nos gouvernements successifs, face à l'Afrique et à l'Orient... Et encore ce bouleversement des mœurs avec le port du voile et tous ces changements que nous acceptons soi-disant par ouverture d'esprit, mais qui vont trop loin, comme quand on discute, par exemple, pour savoir s'il faut ou non autoriser le mariage homosexuel !

Un pays où on reporte une audience au tribunal parce que le gangster qui doit comparaître est musulman, et qu'on est en période de ramadan, comme ça a été le cas il n'y a pas longtemps encore, perd toute crédibilité. Même dans les pays islamiques, les tribunaux fonctionnent en période de ramadan. Mais nous, nous voulons faire mieux. Nous voulons démontrer au monde entier que nous sommes plus démocrates que n'importe qui, grands cœurs, magnanimes ! Un ami qui voyage souvent dans les pays arabes me disait combien nous nous sommes ridiculisés avec cette histoire, en Orient, où les responsables politiques trouvent que nous sommes bien trop compréhensifs.

Voilà l'état de notre France. Toutes ces plaies ne doivent pas nous démoraliser pour autant, ou nous faire renoncer à la grandeur de notre nation. Mais pour cela il faut se battre, et que ceux qui me succéderont se battent à leur tour, et que leurs enfants recommencent.

Si ce livre et le suivant peuvent contribuer à les sensibiliser, alors oui, j'aurai rempli la dernière mission que je me suis fixée.

Lettre de S. R.,
Paris, 2008

Mon Général,

Vous ne me connaissez pas et pourtant je me permets ce courrier. En effet je suis un de vos fervents admirateurs depuis mon adolescence (j'ai aujourd'hui trente-cinq ans.)

Fils de militaire (mon père était pilote dans l'armée de l'air et en particulier sur Sikorsky durant la guerre d'Algérie), j'ai été élevé avec certaines valeurs. Ces valeurs que je retrouve dans vos livres. Le style que vous employez rend si vivants et tellement poignants ces récits. C'est bien simple, à chaque fois que j'ai commencé un de vos ouvrages, je l'ai lu d'une traite. J'y retrouve une idée de la France qui devrait être à mon sens celle de tous les Français.

Les notions d'honneur, patriotisme, fidélité, courage, paraissent tellement éloignées de notre siècle... Votre optimisme me remonte le moral; avec tout ce que vous avez traversé comme épreuves, vous devez parfois rire du grotesque et du ridicule de certains de nos dirigeants actuels.

Vous avez la lucidité de l'expérience, vous qui avez accompli plus encore que votre devoir au service de notre pays. Vous devriez être cité en exemple dans nos écoles, dans les fameux cours de civisme et de citoyenneté.

Merci encore de nous faire part de votre formidable expérience des combats et de la vie à travers vos livres.

Avec toute mon admiration.

S. R.

Chapitre I

Depuis la France d'en bas

Quand je dis que je viens de la France d'en bas, c'est vrai, et j'en suis fier. Je ne veux pas raconter ma vie dans ce livre, mais simplement rappeler ici quelques moments de mon enfance avant d'aborder les grandes questions qui me préoccupent.

Ma jeunesse, je voudrais la comparer à ce que vivent les nouvelles générations, pour montrer à ces nouveaux venus ce qu'a été la jeunesse de leurs parents et de leurs grands-parents. Ils pourront juger ainsi du confort dans lequel ils vivent eux-mêmes aujourd'hui, et l'apprécier d'autant plus. Car même quand on est pauvre en 2009 ou en 2010 en France, on ne l'est pas comme dans les années 1930 ou 1940. On peut bénéficier de la Sécurité sociale, des allocations familiales et de toutes sortes d'autres aides, comme celles au logement par exemple, ou aux repas. Et c'est tant mieux. On peut envoyer ses enfants en vacances d'été, même si on n'a pas de moyens, car il y a toujours telle municipalité ou telle association d'entraide qui vient au secours des foyers modestes et, je le répète, c'est tant mieux.

De plus, notre pays est en paix. Aucune guerre ne se profile à l'horizon entre pays de l'Union européenne. Pas de menace d'un pays voisin, qui viendrait forcer nos frontières.

Comment expliquer aux jeunes ce que c'est que de ne plus craindre la guerre à sa porte ? Dans les périodes de conflits armés, on ne pouvait faire aucun projet car tout ce que l'on bâtissait risquait d'être détruit. Le fils qui partait au front, ou le fiancé, ses parents, ses proches, sa promise lui disaient au revoir, mais un au revoir qui ressemblait souvent à un adieu.

Quand j'ai publié *Lettres d'Indochine*, et *Lettres d'Algérie*, les courriers que j'ai reçus m'ont bouleversé. Il s'agissait souvent d'échanges entre le fils parti sur le front, et les siens restés en France. Certaines lettres étaient déchirantes. Et même si j'avais vécu auprès de ceux qui mouraient dans les tranchées, souvent la guerre leur était plus facilement supportable que la séparation et la distance.

Les gaillards les plus durs au combat éprouvent néanmoins des sentiments. Ce ne sont pas des bêtes dénuées de toute humanité. Loin des leurs, c'est là que l'esprit de corps de l'armée prend tout son sens, et on comprend alors combien cet esprit est aussi une valeur noble.

Oui, d'autres que moi en sont témoins : la vie des jeunes aujourd'hui n'a rien de comparable à celle de leurs anciens, ou à celle que j'ai vécue. Et c'est pourquoi je tiens à rappeler ici quelques moments de ma jeunesse qui ont été déterminants dans la conduite de mon avenir, car c'est dès le début que les choses s'inscrivent en l'homme. S'il est mal éduqué, il poussera mal, forcément. Avec ma mère, la Sophie, on ne rigolait pas souvent à la maison, et on marchait droit. Elle m'a poussé jusqu'au certificat d'études primaires, ce qui m'a permis d'être embauché à la Société générale de Toul, comme commissionnaire. Quatre-vingts ans plus tard, j'ai toujours mes comptes dans cette banque. J'ai vu se succéder plusieurs dirigeants dans cette agence et, pour ma fidélité exceptionnelle, la direction m'a fait un cadeau aussi exceptionnel.

En 2007, au cours d'une petite réception très chaleureuse dans leurs locaux, le directeur m'a offert une sorte de livre d'or. Un album précieux par son contenu, avec à l'intérieur des documents dont je ne connaissais même pas l'existence. J'ignorais qu'à l'époque mes supérieurs tenaient à jour des registres sur les employés avec des annotations sur le niveau des collaborateurs, leur comportement, leur rémunération... Avec de véritables notes, comme à l'école !

J'ai donc découvert, avec l'émotion qu'on peut imaginer, ce que mes chefs pensaient de moi quand j'étais adolescent, puis jeune homme, de 1930 à 1939. Je ne me souvenais plus de la date d'entrée au service de cette agence, ni de la tête que j'avais, ni de ce que je gagnais. Mais ce cadeau m'a rafraîchi la mémoire.

Dans cet album, j'ai trouvé des portraits de moi, de profil et de face. J'avais une sacrée gueule ! Sur les photos de 1930, je suis tout gamin, habillé avec une veste grise, croisée, à grands revers, comme on les faisait à l'époque, en tissu prince-de-galles. Les cheveux bien coiffés en arrière, j'ai une tête de saute-ruisseau qui sent que l'enfance est terminée et qu'il va falloir passer aux choses sérieuses.

Quelques années plus tard, toujours la même coiffure, mais une tête de play-boy avec le sourire d'un gaillard sûr de lui, prêt à faire des ravages dans le cœur des dames.

Le recueil contient également des photos représentant les guichets, mais aussi quelques-unes de l'extérieur où l'on voit la façade de l'agence. De chaque côté du portail d'entrée sont suspendus des panneaux. Sur celui de droite, on peut lire l'année de création de la banque et son capital :

SOCIÉTÉ GÉNÉRALE
SOCIÉTÉ ANONYME
FONDÉE EN 1864
CAPITAL : 625 MILLIONS

Il s'agit bien sûr de ces anciens francs d'avant-guerre. Et sur le panneau de gauche :

SOCIÉTÉ GÉNÉRALE
POUR FAVORISER LE DÉVELOPPEMENT DU
COMMERCE ET DE L'INDUSTRIE
SIÈGE SOCIAL
À PARIS
Bd. HAUSSMANN

Si certains disent que j'appartiens à l'Histoire avec un grand H, j'ai vraiment le sentiment d'appartenir au moins à l'histoire de cette banque.

Devant le portail, d'anciens collègues posent pour la postérité. J'avoue n'en reconnaître aucun. En reste-il encore de ce monde aujourd'hui ? J'en doute. Ils étaient tous largement mes aînés.

Mais le plus extraordinaire est la collection de documents écrits qui montrent d'abord combien les agences de Toul et de Nancy ont sérieusement conservé leurs archives, et également ma conception du travail bien fait.

Je tiens à rapporter ici fidèlement les différentes notes échangées par mes chefs de service, étirées sur neuf ans. Elles soulignent les marques de mon caractère bien trempé dès le début de mon adolescence. On y voit aussi l'évolution d'un jeune garçon dans son cadre professionnel, avec cette rigueur constante qui allait marquer toute ma vie. Plutôt que de raconter, j'ai préféré rapporter scrupuleusement, sans en changer une seule virgule, ces écrits qui ont traversé le temps. Ils témoignent de manière incontestable du regard que mes supérieurs portaient déjà sur moi. Ils situent aussi l'ambiance sociale de l'époque.

Dans une note datée du 18 septembre 1930, qui émane du service du personnel, l'inspecteur chargé du recrutement répond au responsable de l'agence et donne son accord de principe « pour l'admission du jeune Bigeard, comme auxiliaire (employé) ». Mais il ajoute : « Toutefois, nous vous prions de nous exposer les raisons pour lesquelles vous proposez d'attribuer au postulant âgé de quatorze ans, et qui n'a occupé aucun emploi, des appointements supérieurs de 0,50 au taux – 9 francs – prévu pour les débutants de son âge.

Il conviendrait de ne pas l'avantager avant de vous être rendu compte de ses aptitudes. D'ailleurs vous pourriez proposer un relèvement de son traitement à l'occasion de chaque anniversaire de sa naissance, jusqu'à l'âge de vingt-trois ans.

Nous prendrons une décision définitive quand vous nous aurez envoyé le certificat médical d'usage. »

Signé : « L'inspecteur, détaché aux services du personnel. »

Aujourd'hui je m'interroge sur ce traitement particulier que me réservait mon supérieur. Traitement particulier, mais pas traitement de faveur ! Mon chef avait-il remarqué ces qualités qui vont être inscrites dans ces mêmes registres les années suivantes ? Au moins peut-on dire que je lui avais fait bonne impression !

Trois ans plus tard, un courrier daté du 7 février 1933 vient réaffirmer l'estime que me portaient mes chefs. Comme de nos jours, l'agence de Toul dépendait de l'agence de Nancy. Et le chef du bureau de Toul écrivait, à mon sujet, à son supérieur de Nancy :

« Notre appréciation sur l'employé auxiliaire Bigeard Marcel formulée dans notre réponse du 23 novembre 1932, n'a pu que se confirmer au cours des trois derniers mois.

Nous sommes en présence, chose assez rare maintenant, d'un bon petit sujet appliqué et ardent au travail, qui se montre dévoué et ne compte pas son temps et ses peines.

Quoique jeune encore, puisqu'il n'aura dix-sept ans que le 14 courant, il comprend bien ce qu'il fait et s'attache à ne faire que du travail ordonné, propre et soigné.

Il suit assidûment depuis leur ouverture les cours de perfectionnement, et nous avons l'impression que son intelligence assimile de façon satisfaisante les principes donnés, selon sa pratique et ses moyens.

Son caractère est souple et sa tenue excellente. Compte tenu de son premier séjour dans nos bureaux du 22/9/30 au 31/12/31, Bigeard a maintenant dix-huit mois de service.

La satisfaction que son travail nous donne et sa connaissance des services du portefeuille et des coupons permettent de ne plus retarder davantage sa titularisation et de le faire bénéficier d'un relèvement d'appointements à l'occasion de son anniversaire. »

Signé : « Vos dévoués. Le chef du bureau. »

À la lecture de ce document, je reste stupéfait. Je n'avais absolument pas conscience de mériter de tels compliments. Bien sûr j'étais rigoureux et je me comportais sérieusement dans mon travail, mais je n'ai pas le souvenir d'avoir fait des efforts particuliers en vue d'une augmentation, ou à la recherche d'une quelconque reconnaissance. Non, ce que je faisais, je le faisais normalement, sans excès de zèle. C'était dans ma nature.

La réponse du directeur de l'agence de Nancy ne s'est pas fait attendre. Le lendemain même, le 8 février 1933, il répondait au responsable de Toul, en reprenant d'ailleurs une partie de ses propos, de sorte que sa note reste dans les archives et justifie les raisons de ce qu'il annonçait :

« M. Bigeard Marcel est un sujet appliqué et ardent au travail, il se montre dévoué et n'épargne ni son temps ni ses peines.

Quoique jeune encore puisqu'il n'aura dix-sept ans que le 14 courant, il comprend bien ce qu'il fait et s'attache à ne faire que du travail ordonné, propre et soigné.

Il suit assidûment depuis leur ouverture les cours de perfectionnement et donne l'impression d'assimiler les principes qui lui sont inculqués.

Son caractère est souple et sa tenue excellente.

En raison de la qualité des services de cet agent, nous vous proposons l'élévation de ses appointements à l'occasion de l'anniversaire de sa naissance et serions d'avis de fixer le chiffre de son traitement un peu au-dessus du chiffre indiqué par le barème. »

Signé : « Le directeur de l'agence. »

J'avais connu Gaby entre-temps. Je la voyais dans ma rue depuis qu'elle était toute gamine, mais là je découvrais une jeune fille dont je tombais amoureux. Était-ce parce que j'envisageais déjà de la demander en mariage que je me comportais comme un homme ? En tout cas, même si elle me faisait tourner la tête, comme chantera Piaf plus tard, je restais toujours aussi sérieux dans mon travail.

À l'anniversaire de mes dix-huit ans, cette fois c'est le responsable du service du personnel de Paris qui interrogeait le chef du bureau de Toul, sur l'opinion qu'il avait de moi :

« Paris, le 15 février.

Nous vous prions de nous faire connaître ci-contre si les services de M. Bigeard Marcel qui atteint l'âge de dix-huit ans justifieraient un relèvement de ses appointements à l'anniversaire de sa naissance.

Au cas où l'intéressé serait particulièrement bien noté, vous auriez à nous faire savoir si, à votre avis ses services mériteraient d'être reconnus par un traitement de faveur. »

La réponse n'a pas tardé. Et le chef de bureau ne se contentait pas de faire des éloges. Il prédisait pour moi une belle carrière :

« Toul, le 19 février 1934.

Bigeard montre toujours autant de zèle et d'application dans son travail. Il a de bonnes dispositions pour le métier et deviendra certainement un bon sujet dans l'avenir. Nous vous proposons de le récompenser en portant son traitement à 5 200. »

Signé : « Vos dévoués, le chef de bureau. »

Dans les années qui vont suivre, les remarques de mes supérieurs se succèdent toujours aussi positives. Le chef de bureau notera en rédaction et orthographe : « Style agréable et précis. Tenue : très bonne. Conduite : très bonne. Intelligence très ouverte ; s'adapte très facilement à tous les services et fait montre de beaucoup d'initiative. Travaille très rapidement ; a la volonté de surmonter les petites difficultés ; son dévouement reste exceptionnel. Caractère : bon mais ferme, obligeant envers ses collègues comme auprès de la clientèle.

Très bon élément dont la formation doit être encouragée et poussée ; a un très bon rendement au guichet, en travail et en placement. Les services qu'il connaît bien : portefeuille et coupons ; un peu les titres.

Est capable, par ses moyens et sa bonne volonté, de réussir dans tous les services ; le contact avec la clientèle lui est agréable et sa méthode y réussit très bien. »

Je me rappelle, en effet avoir eu cette soif d'apprendre. Pour cela, je suivais une formation que la banque proposait à ses collaborateurs, comme c'est le cas de nos jours. Le préposé aux cours était le chef de guichet. La formation continue apporte souvent à ceux qui le veulent vraiment la possibilité d'évoluer dans une entreprise. Bien souvent cet enseignement vient compléter l'instruction dont ils ont manqué. Hier comme aujourd'hui d'ailleurs. Et aujourd'hui bien davantage que par le passé.

Tout ça pour rappeler aux jeunes qui n'auraient pas poussé leurs études, que les entreprises aident à progresser. On peut apprendre aussi sur le tas, par l'expérience, car chaque jour qui passe contribue à bâtir cette expérience. Pour ça, il faut avoir la volonté chevillée au corps. Pour progresser dans l'entreprise et dans la société il faut le vouloir, et savoir se fixer un objectif. Mais il faut aussi savoir saisir sa chance.

1936. J'avais vingt ans ! Le pays grondait, et l'Europe avec. Je n'en avais pas vraiment conscience. J'avais été affecté au service des Coupons et Portefeuille, et je consacrais mon temps à la banque et à Gaby. Je venais d'avoir une augmentation et mon salaire mensuel avait été porté à 5 800 francs, auxquels s'ajoutaient en fin d'année 549,40 francs de commissions personnelles, plus une gratification de 450 francs.

Mes notes étaient toujours aussi bonnes, sinon même meilleures. Les commentaires toujours aussi élogieux : « Tenue : parfaite. Conduite : irréprochable. Activité et dévouement : très actif et très dévoué. Caractère : docile et toujours égal. Aptitudes spéciales : principalement pour le guichet où il est aimé de la clientèle et où il obtient de bons résultats. »

Comme on le voit, on est bien loin des scandales de *traders* et autres *golden boys* dont on nous rebat les oreilles en cet hiver 2008 en France et tout au long de l'année 2009, mais aussi à l'étranger avec le plus grand escroc de tous les temps, le dénommé Bernard Madoff. Il a su escroquer des milliers de clients, des entreprises, mais aussi sans état d'âme, les particuliers, sans compter les innombrables pertes d'emploi engendrées par son appétit maladif de l'argent. Bien loin des sommes inconcevables que la Société générale actuelle aurait perdues : on parle de cinq cents millions d'euros, et même davantage ! Des montants qu'on a peine à imaginer.

Les temps ont radicalement changé et l'argent facile rend fou. Je n'ai rien contre les gens qui amassent des fortunes, mais quand c'est le résultat de leurs efforts réguliers, de leur travail. Pas quand il s'agit de malversations et de détournements sur le dos des autres.

Le 2 septembre 1936 je quittais la Société générale pour l'armée où j'étais appelé : service militaire de deux ans. Je réintégrerai l'agence de Toul le 29 août 1938 jusqu'à ce que la guerre éclate et que je sois rappelé sous les drapeaux le 22 mars 1939, toujours inscrit aux effectifs de la banque jusqu'en février 1941.

Voilà plus de dix années d'un parcours sans faille, au sein de la même agence, à laquelle je suis resté fidèle et le resterai jusqu'au bout. Je pense que les clients comme moi ne doivent pas être nombreux. J'ai toujours été un homme fidèle. Fidèle à ma banque, fidèle à mes principes, fidèle à ma femme et fidèle à la France.

Je faisais mon petit bout de chemin à la Société générale, sans ennuyer personne, comme on l'a vu, mais j'avais des fourmis dans les jambes. Et la tête bouillonnait déjà. Or, c'est ce que j'avais dans la caboche qui m'a fait avancer.

Comme pour chacun d'entre nous.

Depuis la France d'en bas

Lettre de P. R., officier du 519e régiment de Train,
La Rochelle, mars 2008

Mon Général,

Je me permets de vous écrire pour vous dire toute mon admiration, et mon grand respect.

Je suis un officier du 519e RT, basé à La Rochelle. Je ne suis pas fils d'une famille de militaires, mon père était droguiste à Lyon, mais c'est à travers vos écrits et vos déclarations dans les journaux et à la télévision que je vous ai connu.

J'avais dix-huit ans quand j'ai découvert votre statue au musée Grévin, à l'occasion d'une visite que j'ai faite là-bas avec un groupe de copains. Et depuis, je suis votre carrière héroïque à travers vos livres. Je les lis et les relis, et je redécouvre à chaque fois d'autres choses que je n'avais pas bien comprises à ma première lecture.

Je garde précieusement tous vos livres que je conserve comme une collection pour les transmettre à mon fils (huit ans) pour qu'il prenne exemple sur votre vie, comme moi je le fais depuis des années.

Dans notre société en perte de sens, restez tel que vous êtes, s'il vous plaît, ne changez rien, et continuez de nous rappeler qu'être attaché à son pays ce n'est pas une honte, mais une gloire.

Je vous présente mes respects et vous remercie de m'avoir lu.

Cpt. P. R.

Chapitre II

L'armée française

Comme on l'a vu, rien ne me prédisposait à passer toute ma vie dans l'armée. Mais il y a eu l'incorporation, et la guerre. Si j'étais antimilitariste à dix-huit ans, soixante-quinze ans plus tard je continue de dire que l'armée a été ma seconde famille. Et quand elle souffre, je souffre aussi. S'il faut bien reconnaître qu'elle a beaucoup souffert ces derniers temps, il faut aussi chercher à comprendre les raisons de ce mal qui la ronge.

Quand en 1975, le président Giscard d'Estaing m'a nommé à la tête du secrétariat d'État à la Défense, avec pour première mission de remonter le moral des troupes, le monde était bien différent. Nous sortions des soubresauts et des contestations de Mai 68. L'Union soviétique brandissait sa toute-puissante menace nucléaire, et la solidarité européenne n'était pas ce qu'elle est aujourd'hui. De Gaulle nous avait fait sortir de l'OTAN, et nous nous trouvions bien éloignés de nos alliés américains.

Notre armée était également présente sur de nombreux terrains des anciennes colonies. Nous avions des accords de coopération avec des territoires indépendants depuis peu, et nous tenions aussi un rôle de modérateur là où les coups d'État se répétaient trop souvent, notamment en Afrique. Il fallait même parfois utiliser des méthodes musclées pour sauver, contre leur propre volonté, des chefs d'État menacés par les leurs. Je me revois encore à Madagascar où, en 1972, il m'a fallu forcer le président Tsiranana, de la jeune République malgache indépendante depuis 1958, à me laisser le protéger contre ses émeutiers. Pour mener toutes ces missions à la fois, et sur tous les terrains, il nous fallait un arsenal et des hommes en grand nombre.

Aujourd'hui, les besoins militaires, en hommes et en matériel ne sont plus, bien sûr, ceux de l'époque des grandes guerres mondiales, ni ceux de la période coloniale. Et les terrains de combats ne sont plus tout à fait les mêmes. L'Afrique demeure un continent sensible où il nous faut prévoir nos interventions. La Côte-d'Ivoire, le Tchad, le Soudan par exemple, mais à ces points chauds se sont ajoutés plusieurs pays du Moyen-Orient, comme le Liban mais aussi, avec de plus en plus d'urgence aujourd'hui, l'Afghanistan, le Pakistan et l'Iran où s'impose la nécessité de prendre position pour les conflits actuels, mais aussi en prévision d'éventuels conflits futurs.

Dans ces régions également, la situation peut basculer du jour au lendemain. Les accrochages entre navires américains et iraniens sont devenus fréquents, et la question de l'équipement nucléaire de l'Iran reste très préoccupante et le restera encore longtemps.

La France installe actuellement plusieurs centaines d'hommes des trois armes, terre-air-mer, à Abou Dhabi, aux Émirats arabes unis, en plein cœur du Proche-Orient. C'est un grand enjeu stratégique. Il s'agit d'une base militaire positionnée dans l'émirat le plus important. Avec cette présence stratégique de quelques centaines d'hommes, nous sommes opérationnels depuis cette fin 2009, et nous pouvons à présent nous positionner solidement sur la route du pétrole.

Dans ce détroit d'Ormuz transite près de la moitié de la production mondiale de pétrole : c'est dire si la région est sensible !

La création de cette base est une grande première dans cette partie du monde, une première que je salue avec enthousiasme. Elle est dans la partie du monde qui cumule tous les dangers stratégiques de ce nouveau millénaire. Elle aura dans les mois et les années qui viennent un double rôle : celui d'être une base de soutien logistique aux forces françaises dans la région, mais elle sera aussi le meilleur terrain pour la vente d'armement français aux grandes puissances arabes comme les Émirats arabes unis, le Koweït, Bahreïn, le Qatar, Oman et l'Arabie Saoudite.

Il ne faut pas oublier à quel point on est ici au cœur des gisements de pétrole et du transport par des navires français et internationaux.

Dans mes années de secrétaire d'État à la Défense, j'ai fait des voyages dans les pays du golfe Persique. La France y était très respectée, admirée même. J'avais pour mission d'entretenir de bonnes relations avec les dirigeants. Pour un baroudeur comme moi c'était bien sûr une mission sans risque : ça pouvait paraître inutile à certains, mais pas du tout ! Il faut savoir maintenir l'image de la France, et celle de son armée, partout où c'est possible. C'est se faire respecter et contribuer aussi aux travaux d'autres ministères.

J'ai été frappé de constater que ces chefs d'État étrangers me recevaient plus comme le combattant emblématique de nos guerres de colonies, que comme le secrétaire d'État à la Défense. À croire que ma réputation m'avait précédé, et que les gouvernants auxquels je rendais visite appréciaient encore la bravoure des hommes de champs de batailles.

Sans en avoir l'air, ma démarche de bons offices venait en appui de ceux qui étaient chargés de vendre du matériel militaire français aux États qui voulaient s'en équiper. Avec ces visites, sans parler affaires, je représentais la grandeur de l'armée française, ce qui sous-entendait le panache et la qualité de ses combattants, tout autant que de son matériel. Et cette politique reprise au fil des années a permis de développer des marchés très rentables avec la vente de Mirage et de nombreux chars Leclerc, par exemple. D'ailleurs les Émirats possèdent aujourd'hui plus de chars Leclerc que la France.

En invitant les quarante-trois chefs d'État au défilé du 14 juillet 2008, c'est bien ce qu'a voulu faire le président

Sarkozy, et même si je ne l'approuve pas toujours dans ses actions, j'ai trouvé qu'il avait pris une bonne décision dans sa manière d'élargir la présence des invités étrangers. Quelle meilleure vitrine les blindés et autres véhicules militaires pouvaient-ils trouver ! La descente de la plus belle avenue du monde, les Champs-Élysées.

Notre présence dans la région du golfe contribue, pour beaucoup, au maintien de la paix. Il y a bien sûr les tristes bilans, comme celui d'août 2008 en Afghanistan, où dix de nos hommes, huit du 8e RPIMa (Régiment parachutiste d'infanterie de Marine), ont été tués dans une embuscade dont on a beaucoup parlé, à cinquante kilomètres à l'est de Kaboul. Et encore, en septembre 2009, un jeune caporal de vingt-quatre ans, du 3e RIMa de Vannes, a été tué. Son véhicule blindé a sauté sur une bombe. L'explosion a fait également neuf blessés. À nouveau, fin septembre, trois hommes du 3e Groupement tactique interarmes, sont morts à cause d'un très violent orage, à soixante kilomètres au nord-ouest de Kaboul. L'un d'entre eux a été foudroyé, et les deux autres emportés par une rivière en crue : un adjudant et un brigadier du 13e régiment de dragons paras de Dieuze, et un soldat de 1re classe du 3e RIMa de Vannes. Puis, un autre accident, celui d'un véhicule blindé tombé dans un ravin, tuant un de nos légionnaires du 2e régiment d'infanterie. Voilà, en cette fin septembre 2009 bien meurtrière, après huit années de notre engagement, trente-quatre soldats français sont morts en Afghanistan.

Et côté anglais à la même date, ce sont deux cent dix soldats britanniques qui y ont perdu la vie. En tout, trois cent dix-neuf hommes du contingent sont morts depuis le début de l'année 2009. Hélas il y en aura encore, car quel que soit le champ de bataille, on ne peut faire la guerre sans compter ses morts. Je leur rends hommage, comme je rends hommage à tous nos soldats, et ceux de nos alliés, qui meurent ou sont blessés sous les balles des terroristes islamistes, sans compter les centaines et centaines de civils, souvent innocents. J'aborderai ces questions dans les chapitres consacrés à ce délicat sujet, et aux pays où ce terrorisme se développe.

Hommage aussi à nos hommes victimes de l'attentat du Drakkar, le 23 octobre 1983, dans le port de Beyrouth, où cinquante-huit soldats français avaient péri. Je rappelle ce triste événement car ces gars avaient été envoyés là-bas à la demande du gouvernement libanais et n'étaient présents que pour tenter de maintenir la sécurité des populations civiles, dans un pays déchiré par les milices. Ces troupes de choc n'allaient pas faire la guerre : elles n'avaient que des missions de paix, en se positionnant en tampon pour freiner la montée de l'horreur.

Cette présence, un peu partout dans le monde, est absolument indispensable. De nos jours, la guerre contre l'islamisme n'est pas seulement locale. Elle est planétaire. On l'a vu avec tous les attentats qui ont déchiré, et continuent de déchirer, de nombreux pays. Ceux du 11 septembre 2001 ont bien prouvé qu'il n'y a plus de frontières. Et qu'on le veuille ou non, pour protéger notre pays, la France doit s'impliquer dans la lutte contre le terrorisme islamiste international. Il faut que nous participions à dresser un barrage contre cette gangrène, là où elle prend racine. Donc au plus loin possible de chez nous.

Avec les Émirats, nous avions déjà passé un accord en 1995 : nos hommes participent depuis à de nombreux exercices d'entraînement ou d'instruction. La France instruit également les gendarmes de l'émirat du Qatar, mais avec notre base de Djibouti où stationnent en permanence près de deux mille huit cents hommes, et avec la création de cette autre base à Abou Dhabi, nous allons contribuer de plus près encore au développement de la sécurité internationale. Nous surveillerons mieux que par le passé, ce détroit d'Ormuz, où patrouillent également de nombreux navires militaires.

À nos côtés au Qatar, dans la même lutte, il y a la force américaine avec cinq mille hommes et le QG du commandement central américain qui intervient sur l'Irak et l'Afghanistan.

En plus de l'effet dissuasif, cette présence permet de réagir très rapidement pour étouffer les crises. On se souvient des gendarmes français qui sont intervenus en 1979 à La Mecque quand un groupe de terroristes avait pris en otage des pèlerins. Nos hommes ont agi pour sauver des vies de plusieurs nationalités, toutes musulmanes, au mépris de la leur.

De telles situations, comme les attaques de pirates par exemple, sur des bateaux de touristes, sur des cargos ou sur des bateaux de pêche, se multiplient et nécessitent des interventions les plus rapides possible. Bien sûr les attaques de pirates des mers se déroulent aussi sur les côtes africaines, dans le golfe de Guinée notamment, au large du Cameroun, et même on l'a vu en août 2009, en mer Noire où un navire russe, l'*Arctic Sea*, a carrément disparu pendant plusieurs jours et n'a dû sa liberté qu'à une mobilisation internationale. Il a même fallu une coopération entre les Russes et l'OTAN pour que l'épopée se termine.

Mais c'est surtout sur les mers d'Orient et dans l'océan Indien que les faits sont le plus fréquents. On se souvient de l'attaque du *Ponant*, en 2008 : des pirates étaient passés à l'abordage de ce grand voilier, comme au temps des flibustiers. Et c'est un commando des forces spéciales françaises qui est intervenu, en territoire somalien, pour libérer les trente hommes d'équipage.

Pareil le 3 septembre 2008 : deux navigateurs français ont été pris en otage sur leur voilier, le *Carré d'As*. Le couple, mari et femme, était parti d'Australie et rentrait sur La Rochelle. Les pirates les avaient enlevés et retenus dans leur repaire, en Somalie. Et le 15 septembre, un commando français d'intervention des forces spéciales est passé à l'action. Ils ont libéré les deux otages ; un pirate a été tué au cours de l'assaut, et les six autres ont été faits prisonniers pour être jugés en France, comme ceux du *Ponant*.

Bravo pour ce coup !

En septembre 2008, c'est un thonier de Concarneau, le *Drennec*, en pêche dans l'archipel des Seychelles, qui a été attaqué par des dizaines de pirates, embarqués sur deux bateaux rapides et lourdement armés. Ces pillards ont essayé de monter sur le pont par l'arrière, mais les hommes de bord se sont défendus et ont réussi à les en empêcher, et même à les repousser. Comme leur attaque avait échoué, les pillards ont alors tiré des roquettes sur le navire, causant d'importants dégâts.

Cette agression n'a pas été la seule de l'été. Deux jours plus tôt, un autre thonier, espagnol celui-là, le *Plaja Anzora*, a été victime d'une attaque de pirates. Pas moins de huit assauts semblables ont eu lieu au large des côtes somaliennes en à peine plus d'un mois. Et selon le bureau de surveillance maritime international, vingt-quatre attaques de piraterie ont eu lieu au large des côtes somaliennes au cours du premier semestre 2008. Les navires français et espagnols qui pêchent dans cette zone ont donc décidé de rentrer à leur port d'attache, à Mahé, dans les Seychelles.

Ces bandes sont composées de membres de milices somaliennes, des forbans incontrôlables, répartis sur trois mille kilomètres de côtes tout aussi incontrôlables. Parmi eux, des pillards sans autre but que de voler, mais aussi des bandes d'islamistes, de terroristes, et de membres d'Al-Qaida qui ont établi leurs bases arrière en Somalie. Ce pays vit un tel chaos que rien ni personne des autorités locales ne peut intervenir. La zone est aussi dangereuse que l'Irak ou l'Afghanistan. Les bandes sont donc libres d'agir, repèrent les navires, foncent à l'attaque à l'aide de vedettes rapides ou de hors-bord, avec la complicité des populations de la côte somalienne. Face à eux des pêcheurs, qui ne sont pas des guerriers et n'ont pas d'armement de guerre.

En deux ans, cent cinquante navires ont été pris par les pirates somaliens. Ça paraît à peine croyable, mais c'est la stricte vérité ! Cent millions de dollars ont été versés à ces mêmes pirates, en différentes rançons. On n'a plus affaire à des malfrats minables qui passent à l'attaque à bord de petites embarcations. Non. Cette flibuste juteuse est devenue une industrie, une pompe à fric facile. Les patrons se cachent au Soudan, au Congo, à Dubaï ou ailleurs, se débrouillent pour obtenir les informations sur le trafic maritime, et connaissent toutes les méthodes pour ensuite passer à l'étape du blanchiment d'argent.

Ce gangstérisme international n'est plus admissible ! L'Union européenne, l'OTAN, les États-Unis, l'Inde et la Chine se sont mobilisés et ont envoyé sur place une vingtaine de navires de guerre. Et je ne parle pas des dépenses que ça entraîne !

On ne le dit pas assez, nos forces spéciales veillent, mais cette zone est immense et on ne peut pas la surveiller sur toute sa surface maritime, depuis le canal de Suez au détroit d'Ormuz.

Notre présence militaire permanente dans le golfe, avec une base, permettra des interventions rapides et constituera une menace pour tous les bandits et terroristes de la région. Cela rassurera les Émirats qui ont d'ailleurs signé avec la France de nombreux contrats : entre autres, le lancement d'un satellite de communication avec Ariane Espace, et la vente de stations électriques.

Aujourd'hui, que cela plaise ou non, il faut considérer que nous sommes en guerre. C'est une évidence. Et je le dis et le répète depuis plus de quinze ans, livre après livre. Mais une guerre non conventionnelle, contre le terrorisme islamique.

Cette lutte me rappelle les guérillas de l'ombre que j'ai connues en Indochine et en Algérie. Et comme je le faisais à l'époque, il faut aujourd'hui absolument continuer de développer avant tout le renseignement, car le renseignement c'est la clef, la première arme contre l'adversaire !

Infiltrer l'ennemi, remonter les filières, c'est déjà éviter de nombreuses victimes. C'est exactement comme ça que je procédais en Algérie, et notamment pendant la bataille d'Alger où le terrorisme s'infiltrait de manière insidieuse, de partout, et surtout dans les villes et dans la capitale. Ce n'est pas pour rien d'ailleurs que ces dernières années, le général David H. Petraeus, commandant en chef des armées américaines en Irak, s'est fait expliquer mon action dans cette crise difficile qu'il m'a fallu régler, et dont je suis venu à bout avec mes hommes. D'ailleurs dans les écoles militaires américaines, et même au Pentagone, on étudie ma méthode, celle que j'utilisais déjà en 1957, il y a plus d'un demi-siècle ! Il faut croire que j'étais en avance sur mon temps.

Je rapporte ici une courte anecdote à ce sujet. En mai 2007, un colonel français de l'état-major des armées, m'a écrit pour me demander d'adresser une photo dédicacée au général américain, commandant l'ensemble des forces déployées en Irak. Il faut dire que ce grand bonhomme est fantassin, parachutiste, breveté à Pau, et qu'il emporte en permanence son brevet français avec lui. Il a commandé la 1re brigade de la 82e Airborne, puis la 101e division aéroportée. Il est extrêmement francophile et a beaucoup apprécié mes faits d'armes, à ce qu'on m'a rapporté. Comme je l'ai dit, il a beaucoup étudié la vraie bataille d'Alger, qu'il connaît dans ses moindres détails, et la méthode de renseignement et d'infiltration que j'utilisais pour déloger les terroristes.

Le renseignement, c'est pénétrer chez l'adversaire, le jauger, déjouer ses plans. Dans le même temps, on prépare les attaques, et là le besoin en hommes, en commandos bien entraînés au combat est essentiel. Ce n'est pas avoir de nombreux hommes qui compte, mais avoir les bons combattants, aux bons endroits, au bon moment. La qualité compte davantage que le nombre. Car il faut faire attention à ce que l'armée ne devienne pas une porte de sortie pour les chômeurs qui s'y engagent comme ils iraient trouver un emploi n'importe où ailleurs. Le nombre de candidats au recrutement a fait un véritable boom ces dernières années. Ceux qui ne viennent à l'armée que pour échapper au chômage doivent être très sérieusement formés, comme les autres, et leurs supérieurs doivent être particulièrement vigilants sur ce point. Ça ne veut pas dire qu'ils feront de mauvais soldats, même s'ils n'ont pas la vocation dès le départ. Je me souviens que quand j'étais jeune, non seulement je n'avais pas la vocation militaire, mais pire, j'étais antimilitariste. Il a fallu que je comprenne ce qu'était l'armée pour vraiment l'apprécier, et y faire ma vie. C'est ce qu'il faut faire passer à ces jeunes désœuvrés, sinon ils constitueront un danger pour eux-mêmes et pour les autres.

Le matériel opérationnel des armées doit être constamment modernisé, pour remplacer notre équipement souvent dépassé. Un matériel à la pointe du progrès. Ce qui nécessite de ne surtout pas diminuer nos crédits sur la défense. En matière d'équipement personnel, on a vu les fantassins défiler sur les Champs-Élysées dans des tenues dignes des films de science-fiction. On est loin des équipements du soldat français de 1939-1945, de ceux des guerres d'Indochine ou d'Algérie. C'est normal que les choses évoluent. Leurs fusils d'assaut sont équipés de caméras thermiques qui permettent de repérer l'adversaire camouflé, même en plein jour. Cette caméra est reliée à un petit écran placé sur la poitrine ou à un œilleton fixé au casque, qui permet, avec un peu d'entraînement, d'effectuer ce qu'on appelle le tir déporté, sans prendre de risque, surtout très efficace dans le combat de rue. Les gilets de combat sont équipés d'un GPS pratique pour le soldat mais aussi pour le chef de groupe qui peut repérer ses hommes à tout moment, et situer leur position sur une carte. L'équipement comporte aussi des sortes d'oreillettes qui permettent au combattant de recevoir des ordres, même chuchotés, ce qui évite le crachement qu'on entendait parfois par le passé et qui indiquait à l'adversaire où se cachait l'homme qu'il ne voyait pas. Bref, une panoplie futuriste, mais nécessaire, déjà, aux guerres actuelles.

En revanche, dans un autre domaine, nous avons été la risée du monde entier avec la triste épopée du porte-avions *Clemenceau*, surnommé le « *Clem* » par les marins qui y ont servi. Il était le huitième porte-avions de la Marine française et avait sillonné les mers sur plus d'un million de milles nautiques, pendant trente-cinq ans. Tout ça pour finir dans une dérive honteuse, de Cherbourg jusqu'en Inde où il devait être désamianté ! Oui, en Inde puisqu'on nous disait que dans ce pays, cela coûterait moins cher qu'ailleurs.

Mais parvenu sur place, on a appris que ce désamiantage constituait un risque grave pour la santé des ouvriers indiens, et pour l'environnement. Il a alors été contraint de faire le chemin inverse puisque personne n'en voulait. Heureusement, ce sont finalement nos amis anglais qui l'ont récupéré pour le démanteler. Celui qu'on surnommait le « Tigre », le « Père la Victoire », le bon Clemenceau a dû se retourner dans sa tombe !

Heureusement, entre-temps, en 2001, pour remplacer le « *Clem* », la France lançait le premier et seul porte-avions à propulsion nucléaire, le *Charles de Gaulle*. Une vraie ville à lui tout seul ! Il embarque près de deux mille hommes, et quarante aéronefs : des Rafale, des Super-Étendard, des avions de surveillance Hawkeye, et des hélicoptères Panther. Il peut catapulter un avion toutes les trente secondes ! De Gaulle doit être fier de voir son nom porté par un aussi beau bâtiment.

Depuis, en mars 2008, la Marine nous a présenté le nouveau sous-marin nucléaire lanceur d'engins, *Le Terrible*. Tout ça est réconfortant, car en plus d'être des bâtiments de défense et de protection, ces navires sont un emblème de la France, un symbole. Mais quand on se souvient qu'Hitler envoyait déjà ses V1 et ses V2 sur Londres, il y a plus de soixante ans, on voit combien l'Allemagne était en avance à l'époque ! N'attendons donc pas d'être dépassés pour agir.

Le progrès a fait des pas de géant depuis. De nos jours, les missiles à longue portée peuvent atteindre la France depuis des pays même éloignés. Il nous faudrait donc une sorte de barrière antimissile. Mais on voit combien l'installation d'une vraie barrière antimissile par les Américains, en Pologne, irrite les Russes.

Pourtant, on ne peut pas rester seulement en défense ! Persuader l'adversaire qu'on peut lui répliquer avec des têtes nucléaires, c'est déjà prendre les devants. Car c'est aussi cela la guerre de demain : des pays qui risqueront de se vitrifier les uns les autres par missiles nucléaires interposés, mais qui hésiteront à le faire par crainte de la réplique du pays visé. C'est là qu'on voit combien les recettes militaires d'antan sont dépassées. Il faut donc s'y préparer.

L'arme nucléaire sert d'abord à la dissuasion, et doit demeurer dans cette seule mission, comme si elle ne devait jamais être utilisée, sauf en réplique à une attaque nucléaire. Mais elle est là, et son premier effet est de décourager l'adversaire, pour le persuader de ne pas utiliser les mêmes armes. Et tout cela dans une alliance forte de l'Union européenne, une alliance d'abord entre les pays qui la composent, mais aussi avec nos partenaires américains. C'est le seul moyen de décourager les va-t-en-guerre.

Tout cela nécessite des fonds pour moderniser l'armée. Le président Sarkozy s'est engagé à ne pas réduire le budget défense. Souhaitons qu'il tienne parole et que la crise ne vienne pas trop compliquer les restructurations militaires. La fermeture de quatre-vingt-deux unités, le transfert de trente-trois autres unités et le renforcement de soixante-cinq régiments et bases, est un sacré plan ! Très ambitieux. La France s'est donné six ans pour restructurer et moderniser l'armée. J'ai peu de chances d'être là quand l'opération devrait se terminer, mais d'ici-là je suivrai chaque étape, toujours avec mon œil critique, et je ne me gênerai pas pour dire haut et fort ce que j'en pense. J'ai entendu tant de promesses et de plans de réforme concernant l'armée que je reste prudent. Je demande à voir !

Voilà donc trois grands axes importants : le renseignement, les hommes qualifiés, et l'armement modernisé, dont l'armement nucléaire.

L'Alliance atlantique et la construction de l'Europe nous ont rendus plus forts, mais dans le même temps, comme nous sommes les alliés de nombreux pays, sans parler de notre engagement dans les forces de l'ONU, nous risquons d'être entraînés dans des conflits internationaux, pour lesquels nous ne sommes pas concernés directement. Toujours ce maintien de la paix qui nous met parfois dans des situations difficiles. Mais il vaut mieux prévenir que guérir, comme disait ma mère.

Le brusque conflit entre la Géorgie et la Russie a réveillé les vacanciers d'août 2008. Soudain, chacun regardait sur les cartes. Où est cette Géorgie ? Quant à l'Ossétie du Sud, personne n'en avait jamais entendu parler. Et voilà que la France, par la présidence de l'Union européenne, allait devoir monter en première ligne. Après quelques milliers de morts, en à peine quelques jours, les hostilités armées ont heureusement cessé. Mais si le conflit s'était envenimé, n'aurions-nous pas été obligés d'envoyer des hommes, comme nous l'avons fait par exemple au Kosovo, en Bosnie, ou en Serbie ?

Et comme nous sommes en première ligne, l'ennemi islamiste voit de l'Europe, en priorité les Français. Cela ne va pas s'améliorer, puisque c'est également un Français qui a été nommé à la tête des Casques bleus. Soyons fiers de lui : cet ancien ambassadeur de France, Alain Le Roy, s'est vu attribuer le poste le plus important de l'ONU, après celui de secrétaire général. Il est secrétaire général adjoint aux opérations de maintien de la paix, des Nations unies. Énorme responsabilité à la tête des Casques bleus, forts de cent mille hommes, chargés d'intervenir, de prévenir ou de faire cesser les conflits, où que ce soit à travers le monde. Sauf que pour les terroristes islamistes et autres révoltés de la planète, ceux qui se chargent de la paix sont considérés comme leurs ennemis.

Oui, nous avons bien besoin de crédits supplémentaires pour développer l'armée française comme il le faudrait. Et supprimer, dans le même temps, certaines dépenses pour les placer sur d'autres secteurs de l'armée. Mais comment trouver ces crédits ? Il faut donc réorganiser les administrations militaires, réduire le nombre d'hommes au profit de soldats entraînés et spécialisés, et fermer ou redimensionner les postes où il y a du gaspillage.

Nous sommes très actifs à l'étranger.

Au Moyen-Orient, je l'ai dit, avec notamment l'Afghanistan : les Français l'oublient souvent et il faut un drame comme celui que j'ai évoqué plus haut, celui des dix soldats français tués près de Kaboul en août 2008, ou comme ceux que nous vivons à chaque fois que le corps d'un de nos soldats est rapatrié, pour que la population prenne conscience de notre implication. Là, nous ne faisons pas que tenter d'y maintenir une paix, très fragile d'ailleurs, mais nous y lançons des opérations avec les troupes d'autres pays, placées sous le commandement américain, contre les maquis des terroristes islamistes. Des conseillers français participent également à la formation de l'armée afghane, pour qu'elle soit un jour autonome. Et en août 2009, nous avons contribué à maintenir un ordre fragile pour la tenue des élections présidentielles afghanes.

En Afrique, nous avons cinq bases permanentes : à Djibouti, pays de la Corne de l'Afrique, N'Djamena au Tchad, Dakar au Sénégal, Libreville au Gabon et Abidjan en Côte-d'Ivoire. Avec les OPEX (OPérations EXtérieures), nous sommes présents dans de nombreux pays où nous ne pouvons pas nous désengager facilement. En Côte-d'Ivoire par exemple.

Le dispositif militaire Licorne est essentiellement français, mais il y a également notre participation aux forces des Nations unies. Le contingent français est la force d'intervention rapide au sein des troupes de l'ONU. Au Darfour, une force française devrait participer à la force européenne. La France et le Royaume-Uni poussent pour que cette force européenne existe, eh bien maintenant nos partenaires européens traînent les pieds ! Nous prétendons développer cette force européenne et nous sommes en train de perdre la face aux yeux du reste du monde, parce que nous ne parvenons pas à nous mettre d'accord sur cette fameuse force européenne.

L'Europe, ce n'est pas seulement une affaire économique, et une affaire de suppression des frontières. Il faut que l'Europe soit aussi une force militaire, capable d'intervenir n'importe où au monde avec plus de poids que les troupes d'un seul pays. Pour que nous puissions vraiment peser dans une crise internationale, il faut que nous fassions le poids. Et à plusieurs pays d'Europe, nous pèserons plus lourds et nous serons pris plus au sérieux pour nous faire respecter, au nom d'une force européenne, qui pourra même parfois s'ajouter ou précéder celles de l'OTAN.

L'Europe de la défense a prévu de construire un deuxième porte-avions. Ce sera une décision importante à prendre : d'un côté, comme je l'ai dit, nous devons toujours et sans cesse renforcer notre puissance militaire, car les autres puissances le font. Dans le même temps, le budget nécessaire à la construction de ce porte-avions serait d'environ 3,5 milliards d'euros. Ces sommes ont d'ores et déjà été budgétées. Là encore, j'espère qu'elles seront bien consacrées à la construction de ce navire.

Il y a quinze ans, après 1989, tout le bloc communiste s'effondrait et on pouvait croire que nous étions partis pour une période de tranquillité. Hélas, c'était tout le contraire. On allait voir progresser de façon fulgurante le terrorisme islamique qui est venu prendre la place de cet autre mal planétaire qu'était le communisme.

J'ai l'impression que l'histoire se répète. Quand j'ai été envoyé en Indochine, on ne nous disait pas que nous allions nous battre contre un peuple qui se révoltait pour accéder à son indépendance. Non ! La version officielle était : nous allions combattre le communisme qui menaçait le monde, soutenu par l'Union soviétique et la Chine.

Aujourd'hui, nous sommes dans la même situation. Avec la plupart des pays du monde, nous avons un ennemi commun : le terrorisme islamiste. Nous sommes donc bien en guerre, et pour cela il nous faut une armée forte, dynamique, et entraînée non seulement pour être en défense, mais aussi pour être performante dans l'action.

Au cours de l'année 2008, l'armée française n'a pas été à la fête. La grande muette s'est beaucoup fait entendre. Le terrible drame de Carcassonne, la démission du général Cuche, chef d'état-major de l'armée de terre, et la réduction des effectifs avec fermetures de certaines casernes, autant de sujets qui ont fait beaucoup grogner dans les rangs.

À propos de Carcassonne, je tiens tout d'abord à rendre hommage aux victimes qui étaient venues assister à des démonstrations publiques du 3e RPIMa. Ce régiment, c'est ma famille, un peu des miens puisque ce sont des paras. Mais surtout parce que c'est un régiment dont j'ai été le chef de corps. Je lui ai d'ailleurs donné ma devise, devenue célèbre depuis et toujours conservée : « Être et durer. » Ce régiment s'est illustré en Indochine, en Algérie, et depuis sur tous les théâtres d'opérations auxquels la France a participé : Afrique, Moyen-Orient, ex-Yougoslavie, Afghanistan... Mais je n'avais pas besoin de cette proximité de cœur pour me sentir concerné par le drame qui est survenu.

Ces opérations portes ouvertes ont pour but de faire mieux connaître l'armée, de donner une bonne image de celle que beaucoup, et trop souvent, dénigrent, et de faire naître des vocations. Je l'ai souvent vérifié à l'époque des prises d'armes en France, en Algérie, ou ailleurs en Afrique, l'époque héroïque où s'engager dans l'armée sous-entendait avoir la vocation, et non trouver une planque pour échapper au chômage.

Un défilé, une démonstration portes ouvertes est toujours un événement, dans une ville. Même si souvent l'arrière-pensée des organisateurs est de favoriser le recrutement. Et là, à Carcassonne, ce week-end des 28 et 29 juin 2008, les paras avaient organisé à la caserne Laperrine plusieurs démonstrations. Le samedi, tout s'était bien déroulé et la foule avait beaucoup apprécié. Le dimanche, une simulation de prise d'otages, avec intervention et libération a hélas très mal tourné.

Ces démonstrations ne sont jamais montées à la légère, et les hommes qui y ont participé ce jour-là étaient très entraînés. Le règlement prévoit qu'après chaque exercice à balles réelles, les chargeurs des armes utilisées sont vidés. Et les balles non utilisées sont rendues, bien évidemment. Par malheur, un homme du commando des libérateurs a confondu balles réelles et balles à blanc ! Dix-sept blessés, dont quatre grièvement ! Quelle terrible faute ! Faute d'un homme seul, mais qui entraîne la responsabilité de toute la hiérarchie, et qui rejaillit sur l'ensemble du régiment, et même sur toute l'armée.

L'annonce de ce drame a été un véritable choc pour tous les Français, et surtout pour les militaires. J'ai été concerné par cet horrible drame à différents titres. D'abord au nom de l'armée : des soldats français n'auraient jamais dû faire ces victimes, victimes qui sont les premières personnes auxquelles je pense, ainsi qu'à leurs familles. Ces personnes étaient venues assister à une démonstration qui devait faire aimer l'armée. L'accident en aura dégoûté plus d'un. Mais après les victimes et leurs familles, le premier responsable, celui qui a tiré à balles réelles, a aussi dû être dans un état moral épouvantable. Et je le plains !

C'est vraiment un coup dur, et les habitants de Carcassonne, ville qui abrite ce régiment, doivent souffrir parce qu'ils connaissent, ou bien sont proches des victimes, mais aussi parce que les hommes du 3e RPIMa, font partie de leur famille. La population de la ville, dans sa majorité, aime ce régiment. Elle en est fière. Et si c'est un coup dur pour les victimes, pour les parents des victimes, pour les habitants, ça l'est aussi pour ce régiment prestigieux qui avait une excellente réputation et qui reste l'un des plus beaux régiments de France.

Après le drame, le général Cuche, figure respectée de ses pairs, a démissionné.

Comme je l'ai déclaré aux journalistes qui m'ont interviewé, je rends hommage au général Cuche pour avoir donné sa démission. Il faut un sacré courage pour assumer jusqu'au bout et tout quitter, surtout qu'il avait en vue une belle promotion : il devait passer gouverneur des Invalides, ce qui est une place enviable. Donc oui, c'est courageux, ça a du panache. Mais pour le chef des armées, car ne l'oublions pas, le président de la République est le chef des armées, c'était une sale affaire. Et avec son tempérament qui ne s'embarrasse pas de fioritures, il a piqué une de ces colères dont il est coutumier, et est allé un peu trop loin à mon goût, s'il est vrai qu'il a dit : « Vous êtes tous des amateurs. » Déjà que le courant ne passait pas chaleureusement entre le chef de l'État et les militaires, les traiter tous, hommes de troupes et leurs états-majors, d'« amateurs », c'était se mettre à dos les deux cent soixante et onze mille soldats français, et leurs familles. Le mot de trop ! Ce n'est pas une réussite sur le plan politique. Le général a encaissé et il est parti. C'est bien : ça a de la gueule !

À la suite de ma déclaration dans la presse, j'ai reçu un volumineux courrier de militaires et de civils qui me félicitaient de ma position : celle de mon appui indéfectible aux armées auxquelles la France doit respect et soutien. Une lettre m'a beaucoup touché, celle du général chef d'état-major de l'armée de terre qui avait été sensible à mon intervention. Mais ma position était normale : ce n'est pas à cause d'une erreur humaine, profondément regrettable il est vrai, que l'ensemble de l'armée française doit être discréditée.

Triste et sale épisode qui venait s'ajouter, sans qu'il n'y ait aucun rapport entre les deux événements, à la nécessité de redimensionner le déploiement des troupes. Il est certain que fermer des casernes, porte un coup à l'économie de la ville qui en supporte le départ, et cela est à déplorer.

Mais c'est un signe des temps, et il faut être objectif : maintenant que la France ne compte plus qu'une armée de métier, elle doit forcément être plus efficace avec moins d'hommes que par le passé, d'autant que dans le même temps la technologie évolue.

Il faut regarder les choses en face, et ne pas continuer à se cacher la vérité. Les finances de l'armée restent dans le rouge. Et nos nouveaux budgets ne vont pas suffire à couvrir les dépenses militaires. Quand on sait qu'un avion de combat coûte à lui seul près de cent millions d'euros, une frégate trois cents millions, un porte-avions trois milliards, que reste-t-il pour les bases, les casernes et les hommes ? Que reste-t-il pour rattraper les déficits ?

J'insiste : les temps ont changé et les militaires le savent ; ils vont devoir faire des sacrifices. Mais ils en ont l'habitude. On me répondra que le soldat doit se sacrifier pour son pays. C'est vrai, sauf que dans ce cas, il aurait fallu y penser longtemps à l'avance et savoir prévoir, de façon à ne pas intervenir brutalement au risque de déstabiliser des villes entières.

S'il y a réduction des effectifs, il ne faut pas oublier qu'il y a aussi changement dans la menace. L'armée doit être équipée et entraînée autrement que par le passé puisque les guerres ont changé depuis que l'on a construit ces casernes ou ces bases, souvent au lendemain de la dernière guerre. La technologie est venue aussi bouleverser les besoins en hommes. Alors bien sûr les réformes tombent. Celle de réduire les dépenses de l'administration militaire. Celle de créer, à partir de 2009, onze bases de défense interarmées, solution qui est une des possibilités envisagées. Elle consiste à regrouper des unités des trois armes placées sous l'autorité d'un seul responsable. Cela devrait permettre d'économiser en partageant les dépenses. Un peu comme dans un grand groupe où on réunit dans un seul immeuble plusieurs sociétés qui partagent le loyer, les charges et le personnel d'accueil par exemple.

Il n'empêche que ces mesures sont terribles, dures à accepter, pour les hommes comme pour les villes. Ces dernières se voient vidées d'une population militaire qui faisait fonctionner le commerce local. Et particulièrement dans le nord et l'est de la France, surtout avec les départements de la Moselle, de la Meurthe-et-Moselle, de la Marne et du Nord.

Pour la Lorraine, après les restructurations de la sidérurgie, la nouvelle carte militaire qui se prépare est un drame. Et c'est l'armée de terre qui est la plus touchée puisque le plan prévoit de faire disparaître vingt régiments et bataillons, pour onze bases supprimées à l'armée de l'air et une seule base aéronavale pour la Marine.

Mourmelon est un exemple très symbolique. Quel ancien appelé ne se souvient pas de cette ville ? On y envoyait les jeunes faire leurs trois jours. Mais avant tout, Mourmelon abrite l'un des plus grands et plus anciens camps militaires. Et on entend des rumeurs, ici ou là, sur la prochaine dissolution, d'ici 2010, des fameux régiments de chars. Ce qui signifierait le départ de plus de mille hommes, sans compter leurs familles. Rude coup pour le commerce local ! D'où la mise en berne, dans cette ville, du drapeau tricolore, le 14 juillet 2008. On peut comprendre l'inquiétude des populations de la ville et de la région. La tâche va être dure pour le gouvernement, et ceux qui participent à la recherche de solutions vont devoir faire preuve d'ingéniosité.

Alors on parle de la transformation des casernes vidées en logements pour les étudiants. Il faut d'abord que les villes concernées soient des villes universitaires.

Autre solution : le déplacement d'emplois de l'administration des grandes villes comme Paris, vers ces villes de province qui auront perdu leurs régiments. Près de cinq mille emplois seront ainsi délocalisés, nous dit le gouvernement. Oui, ça peut constituer une partie de la solution, mais pas toute la solution.

D'ici à 2011, l'agglomération de Metz va être touchée de plein fouet avec la perte de près de six mille hommes, auxquels il faut ajouter leurs familles. Ce qui fait près de quinze mille personnes qui risquent de quitter la région de Metz. Nous ne sommes qu'au début des problèmes à résoudre : il faut y parvenir absolument.

Dans les initiatives possibles pour atténuer les dépenses et éviter de vider trop de casernes, la France a commencé par décider de rapatrier nos trois derniers régiments stationnés en Allemagne. Mais de la même manière que les Français réagissent quand nos casernes se vident, les Allemands ont vivement protesté sur ces départs annoncés. Les deux pays ont alors cherché des solutions : celle de laisser des soldats français en Allemagne à condition que les Allemands envoient en échange, en France, une unité qui s'installerait dans une caserne désertée par les Français. Là, nous sommes vraiment dans du marchandage économique qui ne suffira pas à équilibrer les budgets des villes.

En fait, ce sont quatre-vingt-trois sites militaires qui vont être fermés dans les six années à venir.

Je parlais de la Lorraine qui va être sinistrée, mais toute la région du grand Nord-Est va l'être, plus qu'ailleurs: Champagne-Ardenne, Alsace, Lorraine, une partie de l'Île-de-France, de la Picardie et du Nord-Pas-de-Calais.

Dans ma région lorraine, en dehors de Metz, Bitche va perdre son 57e régiment d'artillerie, tout comme Joigny.

La réforme était nécessaire, bien sûr, et souhaitée par l'armée: mais il faut voir de quoi il retourne, et procéder par étapes. Personne n'a eu le courage de s'attaquer à ce problème, les années passées. Quels que soient les gouvernements de droite ou de gauche, quels que soient les présidents ! Peut-être a-t-on trop tardé, et brusquement le constat fait qu'il faut agir vite, et donc parfois maladroitement.

Des réformes de l'armée, j'en ai vu de nombreuses, et des livres blancs aussi. À chaque nouveau chef des armées, à chaque nouveau ministre. Et beaucoup ont eu d'abord le souci d'imprimer leur identité. Espérons que cette fois sera la bonne !

14 juillet 2008: j'en garderai un bon souvenir. Tous ces temps-là, ça grondait dans l'armée, et beaucoup pensaient qu'on allait subir des manifestations de colère de la part de quelques soldats qui allaient descendre les Champs-Élysées. Mais nous avons assisté à un grand défilé militaire.

Bien sûr mes deux plus grands moments sur cette plus belle avenue du monde restent gravés dans ma mémoire. Deux événements en un seul jour. Quand j'ai défilé sur les Champs en tête de mon régiment de paras du 3e RPC, le 14 juillet 1956, alors que j'étais colonel. Et l'instant où le président René Coty m'a élevé au grade de grand officier de la Légion d'honneur pour mes « brillants états de service », comme dit la formule. C'est vrai qu'à quarante ans, recevoir cette distinction, fallait le faire ! C'est exceptionnel. Malgré tous mes combats, je n'attendais rien de personne. Et je ne demandais rien. Mais pour l'ancien saute-ruisseau, c'était une victoire qui allait en faire enrager plus d'un. Et puis ma mère était si fière ! Les journaux titraient : « Les paras à l'honneur », et cet honneur je l'ai vraiment ressenti en défilant sous les acclamations de la foule. C'était vraiment une émotion inoubliable.

À chaque fois que j'ai pu, lorsque j'étais présent en France, si je n'y assistais pas dans les tribunes, comme ça a été le cas quand j'étais à la tête des armées, j'ai suivi ce défilé à la télévision. Et je dois reconnaître que les deux derniers défilés ont été de grandes réussites, avec une préférence, côté cœur, pour celui de 2009. Chapeau !

En 2008, le fait que les Casques bleus aient ouvert le défilé montre bien que les armées doivent se serrer les coudes. Dans ce groupe international, qui était une preuve d'ouverture des esprits et des frontières, des hommes et des femmes de vingt-trois pays ouvraient la marche. Au sein de ces troupes internationales deux mille soldats français participent au maintien de la paix, sous tous les horizons. On oublie trop souvent qu'une guerre ici entraîne des conséquences ailleurs. Il n'y a qu'à voir combien le conflit israélo-palestinien a des conséquences à travers le monde entier, depuis des dizaines d'années, et ce n'est pas fini. Ces Casques bleus sont là aussi pour empêcher les guerres. Au

Liban par exemple, elles se sont interposées entre les combattants du Hezbollah, et les Israéliens, ou également entre d'autres groupes locaux qui étaient tentés de reprendre les hostilités. Les démineurs de la Force intermédiaire des Nations unies au Liban sud, la FINUL, ne cessent de déminer les champs truffés de mines, un sale boulot, dangereux, pour lequel il faut un mental à toute épreuve, et un sang-froid d'acier.

Les Casques bleus ne sont pas sur le terrain pour tirer, mais pour séparer les adversaires, et protéger les populations civiles. Ces troupes sont des soldats de la paix. Voilà pourquoi j'ai trouvé remarquable d'ouvrir le défilé par ce symbole de paix, qui aura marqué le soixantième anniversaire des opérations du maintien de la paix dont se chargent les troupes de l'ONU.

Je ne vais pas faire ici le commentaire de l'ensemble du défilé, mais après avoir dit encore bravo, je voudrais faire remarquer qu'il n'y avait pas de présence forte de paras parmi les hommes qui descendaient les Champs-Élysées en 2008. Peut-être que cette année-là, il a paru difficile de faire applaudir par la foule des régiments de paras, quelques jours seulement après le drame de Carcassonne. Au même moment, des personnes de tous âges étaient encore hospitalisées, pour avoir été atteintes par les vraies balles de ce tireur inconscient.

Heureusement, pour relever le panache de ce corps d'élite, le défilé s'est clôturé par ce saut de sept parachutistes dont une femme, au pied de la tribune d'honneur. Une fois encore, cela prouve que les femmes peuvent faire aussi bien que les hommes. Avec un bon entraînement, un para est un para. C'est un combattant exceptionnel, sans état d'âme. L'esprit de corps doit jouer plus qu'ailleurs. L'esprit, mais aussi les valeurs.

Le jeune para est à la recherche du dépassement de lui-même, du goût du risque et de l'aventure. Le saut dans le vide prouve déjà une force morale indiscutable, car il n'y a pas un seul saut qui se fasse sans une petite appréhension au moment de se jeter dans le vide. Franchir la porte de l'avion en plein vol c'est déjà surmonter ses propres appréhensions. Il y a dans l'armée d'autres hommes, d'autres régiments, qui ont ce sens des valeurs, mais j'aimerais que ces paras du saut final servent d'exemple à l'ensemble de l'armée française.

Je trouve qu'avec ce défilé, la France est ressortie grandie aux yeux des visiteurs étrangers, et donc aussi aux yeux des Français. Cela a permis de montrer avec les quatre mille trois cent quatre-vingt-dix hommes et femmes qui ont défilé en 2008, plus les centaines aux commandes des avions, hélicoptères, véhicules et chars, ainsi que les cavaliers, qu'être militaire n'est pas une chose dépassée.

Mais j'avoue avoir été plus satisfait encore par le défilé du 14 juillet 2009. Ma fibre para a un peu plus vibré. De plus Jean-Claude Narci, dans son commentaire sur TF1, m'a rendu un hommage sympathique quand mon régiment parachutiste du 3e RPIMa est passé devant la tribune officielle. Narci était d'ailleurs venu me voir à Toul, quelques jours auparavant pour filmer un long entretien avec moi. Le « 3 » n'avait pas défilé sur les Champs depuis 2003 où, à l'époque, il revenait déjà d'Afghanistan.

C'est un détachement de quatre cents officiers, sous-officiers et soldats de l'armée de terre, de la Marine et de l'armée de l'air indiennes qui a ouvert le défilé. Ça avait un certain panache. Mais comme chaque année, ce n'est pas pour rien qu'un pays est mis à l'honneur. La France a passé avec l'Inde un partenariat stratégique depuis 1998, car ce pays immense qui compte plus d'un milliard d'habitants joue un rôle de premier plan sur la scène internationale.

Nous avons assisté à un véritable ballet équestre ensuite, proposé par la garde républicaine. Là aussi, ce carrousel des lances avait de la gueule. Ces défilés ne sont pas seulement faits pour montrer notre force en hommes et en armement, ce serait ridicule, car bien des armes et des hommes ne peuvent être montrés au grand public, mais c'est l'un des très rares moments où la corde patriotique vibre dans le cœur des Français, et ça ne fait pas de mal, car l'armée est trop souvent oubliée, voire parfois méprisée.

Neuf Alpha Jet de la patrouille de France et quarante-sept appareils de l'armée de l'air et de l'aéronautique navale sont passés à la verticale des Champs-Élysées et de la tribune d'honneur, pour céder ensuite la place au défilé des troupes à pied, dont une brigade franco-allemande. Il est important de le rappeler car tous les signes d'entente avec l'ancien adversaire sont les bienvenus. Il faut montrer que l'on a définitivement changé d'époque, et oublié les guerres passées.

Enfin, la clôture du défilé par le chœur de l'armée qui a interprété la *Marseillaise* dans une version brillante, et l'atterrissage des parachutistes de l'équipe de France militaire au pied de la tribune d'honneur, m'ont presque arraché des larmes d'émotion.

Avec ce défilé du 14 juillet 2009, je crois que les Français se sont réconciliés avec leur armée. Côté militaire, le moral des troupes est bien remonté, à en croire le courrier abondant que je reçois de la part de soldats. Ils me permettent de sentir battre le pouls de la grande muette, et me donnent la température intérieure de l'armée.

Ces deux dernières années, je me suis senti fier, fier d'être français, et para.

Lettre du général d'armée I. E.,
chef d'état-major de l'armée de terre,
juillet 2008

Mon Général

Permettez-moi de vous dire à quel point l'armée de terre a été sensible à votre intervention dans la presse, suite à la dramatique méprise de Carcassonne. Venant de l'ancien chef prestigieux du grand « 3 », ces quelques mots justes ont permis d'éviter que n'enfle une polémique plus pénible encore.

Soyez assuré que je ferai le maximum pour que le « 3 » sorte de cette malheureuse ornière. Son prochain engagement en opérations sera la meilleure thérapie, en tout cas celle qu'attend avec impatience ce très beau régiment.

Je vous prie de bien vouloir agréer, mon Général, l'expression de mes sentiments aussi respectueux que toujours fidèles et admiratifs.

I. E.

Chapitre III

Islamisme, la grande menace

Quelques années à peine après le changement de siècle et de millénaire, quel est l'état de la France et du monde ? Comment un vieux baroudeur comme moi, bien rassis, mais quand même bien assagi avec le temps, ressent-il les événements ?

La première grande gloire que nous pouvons clamer haut et fort, c'est que nous ne sommes plus en guerre directe avec un de nos voisins immédiats, comme nous avons pu l'être contre l'Allemagne pendant trois conflits consécutifs. Et nous devons nous en réjouir.

Si l'Europe s'élargit chaque jour davantage, Europe des six, puis des douze, des vingt-sept… on peut difficilement imaginer de nos jours, comme je l'ai écrit, un conflit armé entre la France et une grande puissance de la Communauté européenne. Après, au-delà des pays de l'Union européenne, c'est autre chose. Des conflits comme ceux nés entre la Géorgie et la Russie, on ne sait jamais où ça commence et où ça finit. Le jeu des alliances est un jeu dangereux. Il peut nous aider en cas de guerre, et nous avons eu la chance de pouvoir compter sur les États-Unis au cours des guerres mondiales. Mais dans l'avenir on ignore jusqu'où nous pouvons être entraînés.

Les jeunes qui liront ce livre pourront être étonnés de mes propos. Pour eux c'est une évidence : il ne peut pas y avoir de guerre entre pays de la Communauté européenne. Je sais, on ne conduit pas une voiture en regardant dans le rétroviseur, mais tout de même, l'histoire a parfois du bon. C'est en étudiant le passé, et le passé récent, qu'on peut tirer les leçons pour le futur.

Ceux qui ont eu une enfance dans la foulée de la Première Guerre mondiale, comme moi, ont vécu parmi les gazés et les poilus de 1914-1918. Pour les gosses de mon âge, leur image était sacrée. On les aimait et on les honorait. Jamais personne n'aurait osé se moquer d'eux. Ils étaient tous des héros, les morts comme les vivants qui avaient échappé à cette immense boucherie. Morts ou survivants, ils forçaient l'admiration et le respect de tous. Ils ne sont plus de ce monde aujourd'hui, mais leur mémoire est toujours présente dans mon esprit.

Les hommes qui ont participé au conflit de 1939-1945 et aux événements des années qui ont suivi, avec la menace nucléaire, savent ce que signifie la guerre. Quand j'étais jeune, les souvenirs que racontaient nos parents et nos grands-parents, les cimetières, les monuments aux morts, tout nous rappelait ces guerres qui depuis des siècles revenaient tous les trente ou quarante ans, et opposaient ceux qui avaient signé des traités de paix, pliant sous la défaite.

Les vaincus n'avaient qu'une idée en tête : prendre leur revanche. Ah, l'esprit revanchard ! Quel mal il a pu faire ! Des plus hautes autorités des États, jusqu'au petit peuple, chacun voulait sa revanche.

Quelques dizaines de millions de morts plus tard, après cette succession de guerres 1870, 1914-1918, et celle de 1939-1945 qui a entraîné les bombardements nucléaires d'Hiroshima et de Nagasaki, deux hommes, deux grands ont décidé qu'il fallait faire la guerre à la guerre. Mettre un point final aux carnages répétitifs qui ne faisaient que le bonheur des marchands d'armes.

Ça peut paraître un peu curieux que ce soit un militaire qui tienne de tels propos, et pas seulement un militaire mais un vrai combattant de terrain. Eh bien oui, je le dis ! J'ai vu trop de morts pour aimer la guerre.

De Gaulle et Adenauer ont décidé de renforcer la paix, mais aussi et surtout de créer un rapprochement, une alliance économique et politique qui allait sceller l'union de nos deux pays. Et c'est comme ça qu'est née l'Europe d'aujourd'hui, à peine trois ans après la signature de l'armistice de 1945. Bien sûr, auparavant il y avait eu des tentatives. Après la victoire de 1918 on en parlait déjà. Mais l'Allemagne n'admettait pas sa défaite.

Après 1945, la Conférence de Yalta a partagé l'Europe en deux, au lieu de l'unir : le groupe de l'Est, et le groupe de l'Ouest, celui d'influence soviétique, et celui d'influence américaine, ou occidentale.

Peu à peu il y a eu la création de la Communauté européenne du charbon et de l'acier en 1951. Notre bonne Lorraine avec son bassin minier sait à quel point cela a été important à l'époque pour elle. Puis le Marché commun en 1957, et son élargissement au fil des ans.

Il n'est pas question de retracer ici l'histoire de l'Europe, mais de montrer que malgré des siècles de haine, et le plus grand nombre de morts que l'histoire ait connus à cause des guerres, quand deux pays ont décidé sincèrement de tourner la page, ils font place à la paix et au progrès.

Alors, rappeler les grandes cicatrices de notre passé récent, celui du XXe siècle, et relever l'image du soldat en général, du poilu de 1914 comme celle du jeune qui se bat aujourd'hui en Afghanistan, fait partie de mes devoirs. C'est en rappelant l'horreur des conflits passés qu'on peut donner l'envie aux nouvelles générations de respecter leurs anciens, leurs ancêtres qui se sont battus pour la liberté de leurs enfants et de leurs petits-enfants qui sont les adultes d'aujourd'hui, devenus à leur tour des parents. C'est aussi leur démontrer qu'il ne faut pas être va-t-en-guerre, mais jamais non plus se laisser faire sans réagir, et même sans prendre les devants, à distance comme nous le faisons de nos jours, loin de nos frontières.

Je reviendrai sur ce point dans cet ouvrage à l'occasion de la situation en France, mais aussi de celle du reste du monde, où d'autres conflits et d'autres cicatrices se jouent ou se préparent.

Je voudrais avant tout aborder la question de la plus grande menace qui plane au-dessus de nos têtes depuis maintenant plusieurs dizaines d'années : l'islamisme sauvage et forcené des fondamentalistes et des terroristes. Huit ans après l'attentat dramatique et spectaculaire du 11 septembre 2001, il faut encore et toujours redouter Al-Qaida et toutes les mouvances qui sont nées depuis, à travers le monde.

Aucun pays n'est aujourd'hui à l'abri d'Al-Qaida et des nébuleuses qui la prolongent. Ces taches noires marquent les pays d'une empreinte extrémiste violente, qui avance sournoisement. Un véritable cancer qui gagne et soudain éclate ici ou là, à travers le monde. Oui, la terre est un baril de poudre. Il suffit qu'un fou allume la mèche : quand un conflit éclate n'importe où, il devient un conflit de partout.

Si j'aborde ici ce sujet, avant de parler de l'état de la France et de sa politique, c'est parce qu'il est le plus dangereux pour l'avenir. Des bombes qui explosent loin de nous, en Afghanistan, au Pakistan, en Algérie ou au Maroc semblent ne pas nous concerner. Pourtant, on tremble un peu plus quand elles explosent plus près de nous, en Espagne ou au Royaume-Uni. Et on voit des images aux informations, sans vouloir s'y arrêter parce qu'on attend avec impatience de connaître le gagnant de la *Star Académy* ou du Loto.

Depuis le début des années 1990, je dénonce ce danger planétaire qui existait bien avant la naissance d'Al-Qaida. En France nous avons vécu plusieurs attentats du terrorisme islamiste en 1995, en plein cœur de Paris. Et le temps que les coupables soient arrêtés, jugés et condamnés – ce qui a pris plus de dix ans –, ils ont fait des émules. Non seulement en Algérie d'où venait le coup, mais en Europe et bien sûr en France. C'est pour cette raison que les Américains, les Anglais, les Français se battent en Afghanistan.

Le monde entier s'est réveillé en 2001 après l'attentat terrible du 11 septembre, en comprenant que personne ne pouvait se croire épargné.

Il ne se passe plus un jour sans que dans tel ou tel pays, un attentat islamiste ne tue des populations civiles. Pourtant il ne se passe pas un jour, non plus, sans que les polices du monde entier n'arrêtent des comploteurs islamistes qui préparent des actions contre des États qu'ils jugent dévoyés. Et en premier lieu, souvent contre leur propre pays. Mais tout de même, plus d'une soixantaine d'attentats islamistes, ou de complots de grande envergure ont été préparés ou inspirés par Al-Qaida, dans les pays occidentaux. Quand on pense à toutes les mesures de sécurité qui sont prises de partout, mesures qui doivent décourager un certain nombre d'actions, le chiffre de soixante est loin d'être négligeable.

En France on l'oublie, mais le plan Vigipirate est toujours en action. Depuis juillet 2005 et jusqu'à nos jours, il est au niveau rouge, ce qui signifie le renforcement du dispositif de sécurité à Paris et dans les grandes villes de province, la protection des institutions, la mise en place des moyens de secours mais aussi des moyens de riposte appropriés, malgré les contraintes que cela impose à la vie de tous les jours, sociale et économique.

Ce plan est entré dans notre vie quotidienne, mais qui s'en souvient ? Patrouilles dans les gares. Patrouilles dans les aéroports où les passagers et les bagages, comme les membres du personnel d'ailleurs, sont fouillés et passés au scanner, deux fois et même souvent trois fois, jusqu'aux ceintures et aux chaussures. Fouille dans les grands magasins. Des rues abritant certaines ambassades sont carrément fermées à toute circulation. Le stationnement devant les écoles, ou le long d'établissements sensibles est interdit. Les synagogues sont quasiment barricadées derrière des barrières et des caméras de surveillance. Et toutes ces mesures sont entrées dans notre vie depuis plusieurs années, au point qu'elles ne nous choquent même plus. Comme si c'était normal ! On évite telle rue parce qu'on sait qu'elle est barrée pour des raisons de sécurité, et on ne s'en formalise même plus !

On n'en parle pas, mais cet état de sécurité est en place parce que la situation l'exige. Et le citoyen français l'oublie. C'est incroyable mais cette protection est devenue banale. Il faut savoir que le niveau rouge est placé juste avant le niveau écarlate qui est le plus grave.

Personne ne peut se croire à l'abri. On l'a vu entre autres en Algérie, au Maroc, en Tunisie, en Mauritanie, en Égypte, en Arabie Saoudite, en Jordanie, en Palestine, en Turquie, en Irak, en Afghanistan, au Pakistan, en Inde, en Indonésie… et je pourrais continuer à énumérer quasiment tous les pays de la planète, avec une extension maintenant au Sahel, à la Somalie et au Yémen, et avec des idées toujours plus audacieuses ou indétectables. La dernière trouvaille : un explosif sous forme de suppositoire que le kamikaze s'est introduit dans le corps et qu'il peut faire sauter à bord d'un avion à l'aide de son téléphone portable. Les services secrets et les services de sécurité de tous les pays sont sur les dents.

Aux États-Unis, on a vu combien ce terrorisme savait dépasser les méthodes traditionnelles, avec les kamikazes du 11-Septembre, nouvelle arme de destruction de civils. Au Moyen-Orient, au Maghreb, en Europe aussi, mais on oublie l'Asie, avec la Chine où pourtant la surveillance des individus est particulièrement étroite. La toile d'araignée terroriste enserre la planète entière, jusqu'à deux pas de chez nous, dans nos banlieues.

Dans les années 1950, le principal souci de la France était de résister à la vague de soulèvements qui pointait dans le fameux empire colonial français. Les pays communistes, de leur côté, alimentaient ces révoltes pour aider les futurs États libres à accéder à leur indépendance et à les assister aussitôt après, et faire du commerce avec eux. Cela permettait aussi d'étendre l'emprise communiste, de Staline ou de Mao, en Extrême-Orient, en Afrique et en Afrique du Nord avec l'Algérie, et même dans les eaux américaines avec Cuba et d'autres territoires.

Dans les années 1960, notre préoccupation essentielle a été d'absorber la décolonisation et ses conséquences humaines et économiques. Puis il y a eu Mai 68 et nous nous sommes davantage regardé le nombril en oubliant la menace silencieuse qui s'amplifiait peu à peu, en rampant. On se préoccupait de nous-mêmes en ne voulant pas voir ce qui se tramait dans l'ombre. Là encore, ceux qui se préparaient le faisaient dans un esprit de revanche contre l'Occident.

Aux yeux des islamistes terroristes, l'Occident est coupable de toutes les turpitudes. Nous sommes accusés d'être des incroyants, des impies, parce que, comme la plupart des musulmans, heureusement, nous ne partageons pas la loi des fous d'Allah. Ils continuent depuis bientôt mille ans à prétendre que nous avons lancé de nouvelles croisades contre le monde arabe. Ils nous appellent d'ailleurs les « Croisés », et nous reprochent d'avoir pour alliés les Américains, qui ont envahi l'Irak et qui tuent leurs frères musulmans.

Mais les islamistes sont les premiers à fomenter toutes sortes d'agressions contre leurs propres frères. Je tiens d'ailleurs à bien insister sur la différence qu'il y a entre les musulmans pacifiques qui vivent leur religion sereinement et les terroristes islamistes, dont les musulmans sont eux-mêmes les premières victimes.

Si nous sommes alliés des Américains, des Anglais, des Espagnols ou des Allemands et du reste de l'Europe, c'est parce que tous ensemble nous devons nous unir pour nous opposer à ces attaques dirigées contre l'Occident.

Avec les problèmes climatiques, le terrorisme islamiste, qui veut dicter sa loi au monde entier, est l'autre grand défi de l'avenir pour lequel les jeunes d'aujourd'hui doivent absolument être préparés.

J'ai rappelé plus haut les attentats survenus à Paris en 1995, mais on ne peut pas oublier ceux de Madrid, le

11 mars 2004. Plusieurs explosions de bombes posées par des terroristes marocains dans des trains de banlieue ! Treize bombes, dont dix ont explosé en faisant deux cents morts et mille quatre cents blessés. On oublie ces chiffres, mais ils sont effrayants. Récemment, les autorités espagnoles ont arrêté tout un groupe dirigé par un Pakistanais, qui préparait, là encore, des attentats. Des cellules ont été démantelées, qui se consacraient au recrutement de jeunes Maghrébins, pour les envoyer en formation ou au combat en Irak et en Afghanistan.

Ces jeunes désœuvrés, qui souvent n'ont pas de travail, se laissent convaincre par l'enthousiasme d'un combat, d'un idéal, et par la découverte de pays qu'ils ne connaîtraient pas autrement. On peut donc constater qu'il n'y a plus de frontières pour les terroristes. Il y a quinze ans le terrorisme islamiste qui frappait la France ou l'Espagne venait de l'autre côté de la Méditerranée, d'Algérie, du Maroc. Mais à présent on arrête des Égyptiens, des Jordaniens, des Saoudiens, des Pakistanais… qui viennent porter leur djihad en Occident.

En Angleterre, les islamistes veulent monter une antenne d'Al-Qaida, qui deviendrait une plateforme pour des attentats en Europe. Il ne se passe pas de mois sans que des groupuscules islamistes soient arrêtés. Parfois ils se fondent dans la masse, vont perpétrer leur forfait à l'étranger, et reviennent en Angleterre où ils reprennent une vie tranquille, en apparence. Un imam britannique d'origine égyptienne, qui avait été condamné pour incitation au meurtre et à la haine raciale, a été réclamé par les Américains. Ils lui reprochent d'avoir participé à l'enlèvement au Yémen de touristes occidentaux.

La nébuleuse existe et se forme en un groupe qui veut se placer comme la succursale d'Al-Qaida pour l'Angleterre. Comme a été créé en Algérie Al-Qaida Maghreb. C'est une nouvelle preuve de la montée inexorable de l'islamisme. D'ailleurs, en 2006 la police anglaise a déjoué une tentative d'introduction d'explosifs liquides à l'aéroport de Londres. Et depuis les attentats de Londres, la police anglaise a élevé des barrières de sécurité, isolé des zones d'exclusion de voitures, installé des scanners de bagages dans les deux cent cinquante gares les plus fréquentées, dans les aéroports, mais aussi dans les ports. Des lettres avec des conseils de sécurité ont été adressées aux responsables des salles de cinéma, des écoles, des hôpitaux, des théâtres et des restaurants : apprendre à détecter un comportement suspect, savoir décrypter les images des caméras de surveillance, savoir déclencher une évacuation d'urgence, etc.

En Allemagne, le chef de la police s'est dit persuadé que des attentats se préparaient sur son territoire. Notamment contre des bases américaines. Plusieurs terroristes qui organisaient ces attaques ont été arrêtés. Le pays abrite des sections terroristes islamistes et parmi leurs adeptes, de nombreux jeunes musulmans quittent l'Allemagne pour rejoindre des camps d'entraînement terroristes, en Afghanistan, au Pakistan ou en Irak. Souvenons-nous que l'un des islamistes qui pilotait un des avions du 11 septembre 2001, l'avion qui a percuté la tour nord de Manhattan, était parti de Hambourg.

En Belgique, les islamistes radicaux sont très présents aussi. En 2007, peu avant Noël, la police a été mise en état d'alerte. Un groupe s'apprêtait à faire évader un Tunisien qui avait été arrêté au lendemain du 11-Septembre, et condamné à dix ans de prison, dans un quartier de haute sécurité. Ceux qui voulaient le libérer avaient préparé une action spectaculaire, avec explosifs, armes et hommes en nombre. D'où le renforcement des mesures de sécurité qui a suivi, avec surveillance accrue des gares et des aéroports. Des cellules actives existent bel et bien en Belgique. On ne peut pas oublier que les assassins du commandant Massoud venaient de Belgique, et que cet attentat précédait juste de deux jours l'attentat du 11-Septembre aux États-Unis. Comme si l'assassinat de Massoud avait été le signal pour lancer les avions contre les tours de Manhattan.

Nos voisins italiens sont aussi sur les dents. En novembre 2007, ils ont lancé une vaste opération internationale, dans le même temps, en Italie, en France, en Angleterre et au Portugal. Les groupes arrêtés, tous tunisiens, formaient des volontaires pour des attentats-suicides au Moyen-Orient ou en Europe. Un des islamistes a été appréhendé en Seine-Saint-Denis, et dans les caches de ces terroristes ont été retrouvés non seulement des faux papiers et des documents sur les systèmes de mise à feu à distance, mais aussi des manuels de guérilla. Voilà encore un exemple qui ne connaît pas de frontières et qui oblige l'Occident à agir de la même manière, au-delà des frontières. Oui, contre une organisation terroriste internationale, il faut agir dans une étroite collaboration internationale des polices européennes.

En France, il nous faut être plus vigilants que jamais. Depuis les attentats de Paris en 1995 nous vivons en état de vigilance permanente. On se préoccupe de la vache folle, puis de la grippe aviaire, remplacée par la grippe porcine devenue H1N1, et les médias qui nous alertent, ce qui est bien normal, oublient de traiter du danger aussi sournois que tous les virus mortels : le terrorisme.

La police ne nous informe pas de chaque arrestation, mais de temps en temps filtre des informations sur des démantèlements de réseaux liés à Al-Qaida. En 2007, quatre-vingt-neuf activistes islamistes ont été arrêtés sur notre territoire, et en 2008 le chiffre aura été approximativement le même. Du nord au sud, les islamistes mènent leurs activités : à Mulhouse, un groupe terroriste originaire d'Asie centrale, comme à Toulouse des bases arrière islamistes ont été démantelées.

Dans le Doubs, la brigade antiterroriste a arrêté un groupe d'islamistes qui s'entraînait au tir, en pleine forêt. C'est incroyable ! En pleine forêt de France ! Des armes de poing, des kalachnikovs, des tenues de camouflage ont été retrouvées pendant les perquisitions. Il y a peu encore, la DST a démantelé, à Paris et dans la région parisienne, un important réseau de soutien logistique au terrorisme algérien, des groupes en relation étroite avec les cellules d'Al-Qaida pour le Maghreb islamique.

J'ai bien connu cette tactique, et tous les Français de plus de cinquante ans s'en souviennent. Pendant la guerre d'Algérie, le FLN recrutait aussi en France et installait, sur le territoire de l'Hexagone, des cellules dormantes qui fonctionnaient en relation avec le FLN basé en Algérie, ou dans d'autres pays d'Europe, pour nous attaquer sur tous les fronts à la fois, y compris sur notre territoire.

Avec le terrorisme islamiste, c'est la guerre contre l'Occident que les mouvements du type Al-Qaida exportent hors de leurs frontières. Leur terrain de guerre est la planète entière. Comme il y a eu au XXe siècle une internationale communiste, il y a aujourd'hui une internationale terroriste islamiste.

En Algérie, au début des années 1990, l'organisation terroriste était centralisée, avec un chef unique et sous lui une pyramide de responsables. Puis on est passés à l'époque où sont nés une multitude de petits groupes avec des petits chefs qui voulaient tous se distinguer. C'était à qui allait perpétrer l'action la plus visible. C'est comme ça qu'ont été enlevés et décapités les sept moines de Tibhirine, de la compétition entre groupuscules. D'où que soit venu l'ordre, ceux qui les ont enlevés étaient des terroristes islamistes. Aujourd'hui, on assiste à une sorte de regroupement autour de cette sorte de filiale de la branche venue d'Afghanistan et du Pakistan, appelée Al-Qaida pour le Maghreb. Mais ce n'est qu'une apparence, car tous les groupes peuvent se revendiquer d'une appartenance à Al-Qaida : en réalité les attaques sont spontanées, non programmées par une autorité centrale ce qui rend la remontée des filières bien plus difficiles qu'auparavant.

Lors de la perquisition à Paris chez un groupe de soutien logistique, les juges ont trouvé du matériel perfectionné, très pointu. Un autre groupe, composé de cinq Français immigrés d'origine, d'un Algérien et d'un Marocain, a été arrêté à Paris, dans le XIXe arrondissement. Là encore, cette cellule recrutait de jeunes Français pour partir combattre en Irak.

Comme à Nice où un autre coup de filet a mis à jour une cellule djihadiste. Ou encore d'autres en plein cœur de la France profonde, là où on n'imagine pas les trouver, dans le Lot, à Toulouse, ou au contraire dans des lieux bien visibles comme à Roissy… Leur camouflage, vis-à-vis de leurs proches, consiste à partir en Orient pour des œuvres humanitaires, ou pour se perfectionner en langue arabe, ou dans l'étude du Coran. Puis ils transitent par la Syrie et entrent clandestinement en Irak, en Afghanistan, au Pakistan, où ils sont pris en charge par des groupes qui leur font subir un lavage de cerveau de fanatisme religieux, ainsi qu'un entraînement paramilitaire, avant de les renvoyer vers l'Europe.

D'autres réseaux auxquels on ne pense pas toujours se forment dans les prisons de France. C'est un endroit de recrutement idéal. Les gars n'ont rien d'autre à faire qu'à attendre le jour de leur libération. Pendant ce temps, ils ruminent leur vengeance sur la société. Parmi eux, certains esprits faibles, musulmans ou qui le deviennent derrière les barreaux, sont embrigadés par quelques petits chefs qui les enverront, à leur sortie, directement en formation vers les réseaux du Pakistan ou de l'Afghanistan. Ces hommes reviennent ensuite en France ou dans d'autres pays d'Europe pour s'organiser en groupes prêts à passer à l'action.

Une raison supplémentaire pour renforcer la surveillance aux frontières, pour intensifier les contrôles et repérer ainsi les terroristes qui sauront se fondre dans la nature, dans notre pays qu'ils connaissent bien.

Après les hommes, les femmes !

Depuis quelque temps ces recrutements se font aussi vers les femmes. C'est la nouvelle priorité des recruteurs, en Angleterre, comme au Maroc ou en Algérie. Ils constituent de véritables brigades féminines. On imagine comment cette situation peut être délicate sur le terrain ! Comment les militaires doivent-ils procéder pour la fouille au corps, surtout dans ces pays où la femme ne doit pas même être regardée ?

La raison du choix des femmes est évidente : elles sont moins suspectes que les hommes. Elles peuvent mieux camoufler leurs ceintures d'explosifs sous leurs djellabas. Les militaires hésiteront à les palper pour chercher des armes ou des explosifs. Aussi, les armées américaine et irakienne ont engagé des femmes pour les fouilles au corps, et même pour infiltrer les réseaux féminins. D'ailleurs, une jeune femme belge s'est récemment fait exploser en Irak.

Les femmes avaient déjà été sollicitées pour ne pas empêcher leurs enfants de s'engager dans des attentats. Là encore, les terroristes ont procédé à de véritables lavages de cerveaux auprès des mères de famille qui voyaient partir leurs fils à la mort certaine.

À présent, ce sont leurs filles aussi qui meurent pour la cause d'Allah. En juillet 2008, trois femmes ont fait sauter leurs explosifs, à Bagdad, tuant vingt-cinq personnes. Et dans le même trimestre il y a eu seize attaques-suicides lancées par des femmes.

Après les mères, les enfants ! Les enfants-bombes !

Début 2008, le commandement américain en Irak a réuni des journalistes en poste à Bagdad pour leur diffuser une vidéo stupéfiante. De très jeunes enfants, puisqu'ils ont de huit à douze ans environ, au vu d'images, sont embrigadés et entraînés pour servir la cause du djihad. On leur apprend à kidnapper des piétons, à tuer au revolver ou à la kalachnikov, à partir à l'assaut de maisons dont ils doivent tuer les occupants. Sous leur survêtement, on en voit qui portent de larges ceintures d'explosifs, tout en psalmodiant des prières à la gloire d'Allah.

Cette vidéo a un but précis : être diffusée dans les villages, et chez des adultes acquis à la cause pour qu'ils offrent leurs propres enfants en martyrs. On la projette aussi aux jeunes enfants eux-mêmes pour les engager à faire la même chose que ceux qui se pavanent sur les images, pour qu'ils se laissent embrigader.

Les terroristes ne reculent devant rien. Rien n'est trop sordide pour eux. Leur sauvagerie n'a pas de limites : ils utilisent également des adultes mentalement attardés, et notamment des femmes, handicapées mentales, pour exécuter des attentats-suicides, comme si ces handicapés, étant de leur point de vue inutiles à la société, pouvaient être utilisés pour aller semer la mort, en se faisant exploser.

Montrer ces images vidéo, ou ces photos, a un effet négatif aussi. En Europe, nous les publions pour les dénoncer, mais en même temps elles servent la cause des chefs terroristes. Ils jouent sur nos habitudes de liberté de la presse, et en profitent. En diffusant leurs images, nous faisons aussi leur propagande auprès de l'esprit faible des enfants, autant qu'auprès des grands frères ou de leurs parents.

Les chefs terroristes procèdent également à l'enlèvement d'enfants pour les utiliser dans leurs attaques.

Ce dont on est certains c'est que déjà plusieurs attentats-suicides ont été perpétrés par des gosses qui se sont fait exploser, comme le font certains adultes.

Ce qui est terrible à constater, c'est que des jeunes, élevés en plein Paris, ou au cœur de la France, souvent d'origine étrangère même s'ils ont la nationalité française, partent pour des terrains de combats dans le désert ou dans les montagnes où certains vont finir comme kamikazes !

Comment, avec une instruction et une éducation à la française, peut-on au XXIe siècle être assez fanatique pour se faire sauter dans des attentats-suicides ? Après plusieurs années de prison à Guantanamo, lors de son procès, le fameux Khalid Cheikh Mohammed a pris la parole pour dire qu'il ne reconnaissait que la charia, et qu'il voulait mourir en martyr. Mourir pour la cause de l'islamisme ! Mourir pour Ben Laden ! C'est bien la preuve de l'échec de notre politique : politique de l'immigration et politique de l'intégration.

L'objectif d'Al-Qaida dans le monde est d'imposer le califat à tous les êtres humains : pour ces islamistes, la planète entière devrait devenir un vaste État islamique. Toutes les populations obéiraient alors à la loi de la charia, la loi islamique. La montée de cet islamisme au Pakistan, en Afghanistan et ailleurs, comme les apparitions d'Oussama

Ben Laden à la télévision ou dans ses messages radio, rappelle sans arrêt au monde qu'en cette fin septembre 2009, tous les combats dans les montagnes ne sont pas venus à bout de ce vieux chef, de ses lieutenants et de ses troupes. Et tous les combats que mènent les services de sécurité et les armées de tous les pays directement concernés, avec les troupes alliées, ne sont pas encore parvenus à réduire la gangrène terroriste, bien au contraire. On a l'impression que plus l'Occident tente de mettre fin au terrorisme islamiste, plus il se répand.

Pourtant ces réseaux sont loin de disposer de la puissance phénoménale que représentent les forces occidentales ! De même pour Ben Laden : il est poursuivi sur ses propres terres et doit sans cesse vivre réfugié, ou terré, entre l'Afghanistan, le Pakistan et le Soudan. Où qu'ils soient dans le monde, ses comptes en banque ont été gelés, toutes les communications surveillées...

Mais c'est oublier que lui et ses sbires, comme ses successeurs, disposent de nombreux relais secrets en Occident. Des pions placés en silence dans des endroits stratégiques et qui sont prêts à intervenir, à tout moment. Des agents qui le renseignent, lui et ses troupes, pour mener sa guerre de l'ombre.

En mars 2008, un nouvel enregistrement audio de Ben Laden a été mis en ligne sur Internet. Cette fois il s'en prenait à l'Europe, son nouveau territoire de guerre, et plus particulièrement au Danemark, qui a laissé publier dans la presse des caricatures de Mahomet. Ben Laden trouve que ces caricatures sont une insulte et un crime. Il condamne également le pape Benoît XVI, qui a prononcé son discours de Ratisbonne, interprété comme injurieux pour l'islam. Et il nous menace d'une riposte qui nous fera payer cher nos actes. Il s'attaque aussi au roi Abdallah d'Arabie Saoudite, parce qu'il a rendu visite au pape au Vatican. Curieusement, pas un mot sur l'Irak et sur les Américains qui s'y battent.

Au mois de mai 2009, il a remis ça avec un message audio intitulé *Appel au djihad pour arrêter l'agression contre Gaza* où il condamnait non seulement Israël, mais aussi les gouvernements des pays arabes, les accusant d'empêcher leur population d'agir pour libérer la Palestine. Et encore en septembre 2009. Tout lui sert de prétexte pour se rappeler à l'opinion mondiale, car il faut bien reconnaître qu'il est très isolé maintenant, et que s'il est encore de ce monde, il lui faut faire en sorte de ne pas être oublié.

Sur le terrain, la situation est de plus en plus dure pour les terroristes. J'y reviendrai dans mon chapitre sur l'Irak. Mais il ne faut pas que ces petites victoires régionales nous fassent lever notre surveillance. Et même si Ben Laden était éliminé demain, si ses lieutenants étaient tués, le mal s'est tellement étendu à travers le monde, que le terrorisme islamiste ne faiblirait pas, au contraire. Oui, si Ben Laden était tué par des militaires occidentaux, il serait élevé à l'état de martyr par ses adeptes qui procéderaient à des gestes de folie plus nombreux qu'avant, pour rejoindre leur chef dans la mort.

Le Moyen-Orient est une poudrière où certains pays résistent contre les interventions des voisins : la Jordanie et la Syrie par exemple qui se protègent des infiltrations d'islamistes qui se glisseraient dans les rangs des réfugiés venus d'Irak. Mais d'autres voient monter le danger islamiste chez eux, comme l'Égypte, où les Frères musulmans sont de plus en plus présents, et forment une force importante avec laquelle le pouvoir est obligé de compter. Leur influence se vérifie à tous les niveaux de l'État, dans la vie politique mais aussi au quotidien. Et pour ne pas leur déplaire, et risquer davantage de problèmes, la population se plie trop souvent à leurs exigences.

Un ami qui a fait récemment la route du Caire à Alexandrie m'a rapporté combien les villas somptueuses qui poussent le long du bitume en plein désert, ont toutes leur mosquée personnelle bien visible, construite au bord de la route. Ce qui donne une sorte de haie de mosquées sur des dizaines et des dizaines de kilomètres. C'est un phénomène nouveau. Quelles qu'en soient les raisons, l'islamisme radical progresse et influence la vie de tous les Égyptiens. De plus, ce pays connu pour son histoire et pour son tourisme très développé, est devenu une terre d'accueil pour des islamistes extrémistes étrangers, dont des Français.

En juin 2009, les autorités égyptiennes ont expulsé une vingtaine de Français qui avaient été arrêtés dans les milieux islamistes, pendant l'enquête sur les attentats de février de la même année, au Caire, où une jeune touriste française d'un lycée de Levallois dans les Hauts-de-Seine a été tuée, et dix-sept de ses camarades blessés. Mais le pire est que les autorités égyptiennes estiment que les islamistes radicaux français vivant en Égypte sont au moins un millier !

Si l'islamisme radical ne parvient pas à venir chez nous, il réussit à attirer des jeunes occidentaux dans ses filets, là-bas, et à les séduire. Ils pourront librement revenir en France ensuite, avec des idées de mort plein la tête.

Le Liban est également un pays où tout peut éclater, à tout moment. On l'a vu à maintes reprises. Les cicatrices des guerres libanaises ne sont pas totalement effacées et les camps chrétiens, et musulmans sunnites vivent sous la pression du Hezbollah chiite qui prend ses ordres et ses armes en Iran. Là encore, on ne compte pas beaucoup d'amis de l'Occident. Et la difficulté de composer un gouvernement qui devrait prendre en compte toutes les sensibilités, est quasi insurmontable. Le Premier ministre s'évertue à former un gouvernement stable, sans pouvoir y arriver.

Avec les guerres libanaises, les chrétiens libanais ont déserté le pays en masse, et le Hezbollah a affermi sa présence. Tout le monde veut une part du gâteau, d'où l'impossibilité de contenter tous les partis. Aussi, depuis 2005, l'année de l'assassinat de Rafic Hariri, pas un instant ne s'est écoulé sans que le Liban frôle à nouveau la guerre civile. Et ce serait dangereux pour l'Orient mais pour l'Occident aussi qui verrait les extrémistes du Hezbollah se renforcer davantage encore.

Quant à la Turquie, voilà un pays qui était laïc depuis la présidence de Mustafa Kemal Atatürk, surnommé « le père des Turcs », dans les années 1922 jusqu'à sa mort en 1938. En ce début de troisième millénaire, le pays a basculé dans l'islamisme. Une évolution en marche arrière : une régression pitoyable !

J'ai toujours aimé la Turquie, forte de l'armée la plus puissante de tout l'Orient. Cette armée a participé aux actions européennes en Bosnie, au Kosovo et en Afghanistan. Le pays a la chance d'être situé entre l'Occident et l'Orient et peut jouer un rôle très important dans les relations entre l'Europe, les pays arabes et l'Asie centrale : là encore, il peut intervenir sur le plan politique pour apaiser les tensions de la région, mais aussi sur le plan économique pour les approvisionnements en énergie, gaz et pétrole par exemple.

Mais voilà, la Turquie piétine aux portes de l'Europe, depuis 1963. Cette année-là, elle a signé un accord d'association qui prévoyait qu'un jour elle pourrait faire partie de l'Europe. Puis elle est devenue officiellement candidate en 1999. Ça fait donc plus de quarante ans qu'elle attend. Mais elle risque d'attendre encore longtemps puisque la population a porté à sa tête le parti islamiste, le PKK. On voit d'ailleurs les limites de l'ouverture : un écrivain turc a osé publier en 2009 un roman dont l'un des personnages est Mahomet, il a été accusé de blasphème et condamné par la justice turque, celle-là même qui prétend vouloir intégrer l'Europe.

C'est cette Turquie qu'on voudrait inviter à entrer davantage chez nous ? Je n'y suis pas favorable. La Turquie aux côtés de l'Europe, oui. Dans l'Europe, non !

Ben Laden est loin, et pourtant il est toujours présent dans les esprits des terroristes en puissance, n'importe où au monde. Depuis des années on pense qu'il va être arrêté ou éliminé le lendemain. Mais il nargue les armées les plus fortes et sort de temps en temps de sa tanière pour rappeler au monde qu'il est toujours là, et que ses idées progressent, et risquent même de se prolonger au-delà de sa mort.

En Arabie Saoudite, chaque année le pèlerinage de La Mecque est placé sous très haute surveillance parce que l'ancien enfant du pays, Ben Laden, active régulièrement ses réseaux dans son pays natal, et tout aussi régulièrement les autorités saoudiennes arrêtent les terroristes d'Al-Qaida qui s'apprêtent à passer à l'acte.

On comprend mieux que l'Arabie Saoudite soit une des principales cibles de Ben Laden et de ses sbires puisque ce pays est le principal allié des États-Unis dans le golfe et qu'il abrite plusieurs bases américaines.

Au Yémen, en 2008, des touristes belges ont été blessés, et leur accompagnateur tué dans une attaque lancée par des membres d'Al-Qaida qui leur avaient tendu une embuscade. Et cette action faisait suite à plusieurs autres contre des touristes : pendant l'été 2007, sept touristes espagnols avaient été tués avec leurs deux chauffeurs, et cinq autres blessés.

Je traiterai également de la question d'Israël et de la Palestine, mais il faut savoir que dans la bande de Gaza, les islamistes du Hamas ont trouvé plus radicaux et plus sauvages qu'eux. Ces deux groupes se battent même entre eux, les derniers, les « soldats d'Allah » veulent installer ce qu'ils appellent un « émirat islamique », avec la charia islamique comme seule loi, trouvant que le Hamas est bien trop modéré. D'ailleurs, ces soldats d'Allah ont lancé en janvier 2009 des attaques avec des méthodes toujours plus inventives. Ils bardaient d'explosifs des chevaux et les lançaient contre des postes militaires israéliens.

On le voit davantage chaque jour, et je le répète volontairement pour bien insister, ce terrorisme islamiste s'étend sous toutes les formes jusqu'en Indonésie et même en Chine.

Nous avons donc intérêt à faire preuve d'un maximum de vigilance en France et en Europe et même à prendre les devants, avec également une défense placée au sein des pays arabes, et au sein même du pays où l'opium est roi et l'islamisme radical : en Afghanistan.

Le meilleur moyen de lutte est de s'unir.

Déjà l'Union européenne a lancé sa mobilisation des polices, et a nommé un Monsieur Terrorisme, basé à Bruxelles, qui centralise toutes les informations. Un coordinateur de la lutte antiterrorisme. Chaque État membre lui communique les informations importantes qu'il aura recueillies. Mais il faudra d'abord s'assurer que les vingt-sept États sont sur la même longueur d'onde, qu'ils utilisent les mêmes méthodes, sinon toute la chaîne sera fragilisée.

On peut se demander pourquoi cet organisme central ne s'est pas mis en place plus tôt.

Pourquoi a-t-il fallu attendre des milliers de victimes pour que les pays d'Europe se décident enfin à partager systématiquement leurs informations, à travers une sorte de quartier général ?

Il faut d'abord appliquer les mêmes règles de surveillance, sur tous les territoires des pays d'Europe, dont les frontières sont de véritables gruyères. De nos jours, n'importe qui passe n'importe où. Comment contrôler les personnes mal intentionnées qui ne prennent pas l'avion ou le train et franchissent les limites territoriales, en voiture par exemple ? Quand Londres, qui n'adhère pas au système Schengen, a voulu instaurer un contrôle entre l'Irlande et la Grande-Bretagne, avec passeport obligatoire, les Irlandais ont poussé de hauts cris. Pourtant, on peut comprendre que les Anglais redoutent les infiltrations : des terroristes venus par la mer, des immigrés clandestins, ou même des mafias de tout poil.

Je suis pour l'Europe, parce qu'elle permet un développement économique, et qu'à plusieurs on est plus forts que tout seul, mais la question de la levée des frontières est un problème grave.

Nous avons agi dans un idéal de liberté. Mais c'était sans compter les terroristes qui savent utiliser nos démocraties pour s'infiltrer où ils veulent.

Dans ces échanges d'informations au niveau européen, une liste de dix-neuf renseignements sur les passagers des aéroports a été établie en concertation. Mais aussitôt, les associations de liberté des citoyens se sont élevées, ici ou là, et ont protesté contre ces nouvelles dispositions.

J'aime trop la liberté pour ne pas les comprendre. La liberté, c'est beau, bien sûr, mais dans l'idéal. On ne peut pas non plus rester sans rien faire ! J'étais placé devant les mêmes questions en 1957 quand il a fallu débarrasser Alger des terroristes algériens. Quand les bombes étaient placées dans la ville, sans qu'on sache où. Fallait-il alors ne rien faire et attendre que tout saute en tuant des centaines d'innocents, à chaque explosion ?

La concertation et la collaboration entre services secrets des différents pays d'Europe se sont donc mises en route, et le contre-espionnage français a resserré ses rapports avec ses collègues, à l'étranger. Au point que plusieurs hauts responsables des services français se sont rendus eux-mêmes au Maroc, en Algérie, en Mauritanie et en Tunisie pour renforcer cette coopération avec ces pays les plus proches de nous, qui abritent les foyers islamistes. Pas seulement pour comprendre ce qui peut arriver sur le territoire français et collaborer à la source, mais aussi pour protéger les intérêts français situés dans ces pays.

Quand Michèle Alliot-Marie a pris la décision d'annuler le rallye Paris-Dakar, c'est bien parce qu'elle possédait des informations de première main. Les intérêts économiques étaient très importants pour les pays traversés, mais la décision a été prise après concertation des services secrets amis. Un message des islamistes avait été capté dans le Sahel.

Et on s'aperçoit que de plus en plus souvent la France est visée par les ordres des groupes islamistes : la France ou les intérêts français. Les menaces contre nous se succèdent, et les services chargés de surveiller aussi bien les communications radio que celles par Internet, sentent bien le danger de plus en plus présent. Les ordres, également, sont de plus en plus précis. Ils désignent les cibles : se débarrasser du président Sarkozy, du maire de Paris, provoquer l'effondrement de l'économie française en s'attaquant au quartier de la Défense et à la tour Eiffel, etc. La sécurité des personnalités visées, comme celle des sites sensibles, a bien évidemment été renforcée.

Nous sommes obligés de prendre ces menaces très au sérieux car les stratégies des agresseurs évoluent chaque jour. Les terroristes algériens sont à nos portes, comme par le passé, mais ce qui a changé c'est que leurs méthodes d'attaque ne sont plus les mêmes. Aujourd'hui, ils utilisent des kamikazes, ce qui n'existait pas auparavant, même pendant la guerre d'Algérie. Et devant un fanatique qui ne craint pas la mort et rêve de se faire exploser en tuant un maximum de personnes, on ne peut pas agir comme avec un homme qui veut sauver sa peau. De plus, nous déclarons haut et fort la guerre au terrorisme, par conséquent les islamistes s'estiment attaqués, et donc ils se sentent plus en guerre contre nous qu'auparavant.

Autre changement aussi par rapport au passé, c'est l'utilisation d'Internet, réseau ultrarapide sur lequel il est difficile de tout surveiller.

Nous sommes agressés sur tous les fronts à la fois. Pour la France, en 1995, le danger venait seulement d'Algérie, mais aujourd'hui il provient aussi de l'Orient, des terres d'entraînement et de lavage de cerveaux comme l'Afghanistan, le Pakistan et l'Irak. Tous avec la haine de l'Occident, de l'Europe et de la France, où chacun des groupes envoie ses réseaux dormants, pour les faire passer un jour à l'acte.

Voilà la dure réalité à laquelle nous sommes confrontés aujourd'hui, sur notre territoire.

Au nom d'Allah, chaque jour des femmes, des enfants et des hommes meurent à travers le monde. Ceux qui se font exploser, mais surtout les innocents qui ont eu pour seul tort de se trouver au mauvais endroit, au mauvais moment.

D'où vient ce terrorisme international ?

Comment fonctionne-t-il ?

Comment se pratique-t-il dans chacun des États ?

Pour tenter de répondre à ces questions, je vais aborder dans les pages qui suivent la situation pays par pays. À commencer par ceux qui sont à nos portes et nous menacent directement comme l'Algérie, ainsi que les pays qui sont les principaux foyers, les berceaux du terrorisme islamiste, l'Afghanistan, le Pakistan, l'Irak… là où s'élargit l'épicentre de la terreur, là où progresse l'avancée des barbares.

Je vais explorer les racines du mal, le point de départ, pour que l'on comprenne mieux comment cette gangrène est parvenue jusque chez nous.

Lettre de J.-P. R.,
Montpellier, mars 2009

Mon Général,

Vous étiez venu, il y a quelques années, plus de douze ans déjà, à Montpellier. Et vous nous avez donné une conférence. Je me souviens des mots que vous avez dits, comme si c'était hier. Et depuis, après le 11 septembre 2001, à chaque déclaration de Ben Laden, à chaque nouvel attentat terroriste, à chaque information sur le terrorisme, je pense à vous.

Vous aviez raison, mon Général. Vous avez été, et êtes toujours visionnaire. Comme vous le dites, vous avez « le pif » pour ces choses-là.

Nos gouvernants feraient bien de vous écouter et de vous lire. Je suis certain qu'ils tireraient des enseignements de votre expérience, et de vos écrits.

Je vous salue, mon général, et vous exprime, comme toujours, toute mon admiration.

J.-P. R.

CHAPITRE IV

Algérie, le danger à nos portes

L'histoire de la France et celle de l'Algérie sont très étroitement liées depuis des siècles. Elles sont même indissociables. Quand on sait à quel point l'immigration des Algériens vers la France est importante, on est obligés de regarder de très près ce qui se passe dans ce pays tout proche de nous, ventre mou du terrorisme. Nous devons chercher à nous protéger des fous de Dieu d'Al-Qaida au Maghreb comme ils se nomment maintenant, qui ne cessent de faire des ravages là-bas, pour éviter qu'il n'en fasse ici, en France.

Cette gangrène qui évolue de l'autre côté de la Méditerranée, malgré ce que refuse d'admettre le gouvernement algérien, nous prenons le risque de la voir de nouveau proliférer chez nous. Certains de ces terroristes, dont l'un des kamikazes qui a lancé l'attentat contre les bâtiments du Haut Commissariat des Nations unies pour les réfugiés, le 11 décembre 2007, ou contre le Conseil constitutionnel, avait été libéré lors de la fameuse grâce présidentielle, la grande opération de séduction spectaculaire de « réconciliation nationale » qu'avait lancée le président Abdelaziz Bouteflika en septembre 2005.

Cette opération signifiait qu'il fallait sinon oublier, du moins pardonner le massacre barbare de cent cinquante mille Algériens perpétré par les terroristes du GIA, du GSPC – et qui se sont ensuite reconstitués dans Al-Qaida au Maghreb – pendant les années de plomb, depuis 1990. Blanchir les crimes sauvages, excuser les attentats à la bombe, l'égorgement de civils innocents par familles entières, les mutilations, les égorgements, même envers les femmes et les enfants violés puis sauvagement tués. Ces barbares étaient si fiers de leurs forfaits innommables, qu'ils filmaient même leurs actes.

Cette réconciliation nationale devait tirer un trait sur la sanglante Nuit de Bentalha, une banlieue d'Alger, où au soir du 22 septembre 1997, une horde de fous de Dieu avait égorgé pendant toute la nuit hommes, femmes et enfants, sans que la police ait pu intervenir. Quatre-vingt-cinq morts selon les autorités, quatre cents selon les témoins. Et encore, trois mois plus tard à Had Chekala, où les terroristes se sont livrés pendant des heures au plus grand massacre que l'Algérie indépendante ait connu, avec plus de six cents victimes dans la population locale.

La « réconciliation nationale » consistait à pardonner aux auteurs de toutes les barbaries abjectes exercées contre les civils et les militaires pendant des années, les libérer de prison, et les aider à se réinsérer dans la société en leur fournissant un emploi, voire un toit, ceci à l'exception des auteurs de massacres collectifs. Les Algériens ont vu ainsi des milliers de prisonniers, d'anciens maquisards islamistes, relâchés, avec le risque de les laisser regagner les montagnes pour repartir un jour dans leur djihad, leur guerre sainte.

Depuis cette opération de réconciliation nationale, de nombreux autres attentats et massacres ont eu lieu, et parfois par des terroristes qui avaient été libérés.

Quel était, et demeure, l'objectif de ces fondamentalistes? Renverser le pouvoir et créer un État religieux islamiste, avec la charia pour seule loi, et pas seulement en Algérie. Plusieurs groupes se sont enfuis dans les pays frontaliers, ceux où l'on peut s'introduire à travers les dunes du désert, dans les pays du Sahel, comme au Niger, le nord du Mali et en Mauritanie, sans oublier le Maroc. Les guerres menées par les Occidentaux au Moyen-Orient vont fournir un bon prétexte au terrorisme algérien et lui donner de nouveaux objectifs.

Le terrorisme algérien a même pris une dimension internationale puisque la presse du monde entier en parle, et que cela donne à ses membres une réputation planétaire. En lançant un attentat contre le siège des Nations unies à Alger, les terroristes savaient que le retentissement serait international. À présent, ils s'attaquent aussi aux dizaines de milliers de Chinois qui vivent en Algérie, pour diversifier leurs actions et leur donner un retentissement international. Ces actes ont fait que le gouvernement de Pékin a été obligé de demander aux autorités algériennes de protéger ses ressortissants.

Al-Jazira traite souvent du terrorisme algérien, ce qui met ces islamistes en lumière auprès des esprits faibles qui veulent encore le rejoindre. En traitant du sujet, les médias en font, d'une certaine manière, la publicité. Combien d'Algériens ont été arrêtés, qui voulaient aller combattre en Irak ? D'ailleurs, le terrorisme algérien nouvelle formule a aussi de nouvelles méthodes inspirées par l'Irak, le Pakistan ou l'Afghanistan : l'utilisation de kamikazes par exemple. Pendant la guerre d'Algérie contre la présence française, nous n'avions pas connu d'attentats-suicides. Nouvelles méthodes aussi avec la prise d'otages, notamment des Autrichiens kidnappés, des Canadiens, des Allemands, des Suisses. Et avec ces otages, le but est de marquer les esprits et en même temps de récupérer des fonds. Là, il s'agit d'une vieille tradition remise au goût du jour : le racket, l'enlèvement d'Algériens libérés contre rançon, le meilleur moyen de rentrer de l'argent. Puis blanchir ou investir cet argent dans des trafics en tout genre : voitures volées, immobilier, etc.

Tout est bon, tout ce qui peut contribuer à déstabiliser d'abord l'État algérien, puis les pays voisins en installant sur tout le Maghreb un vaste champ islamiste, puis l'Europe avec en priorité la France.

Oui, le terrorisme algérien a maintenant une véritable stratégie d'expansion. Il a porté ses coups au Maroc, en Mauritanie, et en Tunisie, au nord du Mali, et continue de chercher à s'étendre au sud, à l'est et à l'ouest.

Algérie compliquée ! Algérie que nous avons aimée, mais si difficile à comprendre. Lorsque les Français ont posé le pied sur cette nouvelle terre, en 1830, ils ne se doutaient pas que la conquête du pays serait longue et difficile. Après avoir débarqué à Alger, et après avoir pris le contrôle de la ville, tout restait à faire. Les militaires de Bugeaud se sont enfoncés dans les terres et les déserts, et ils ont bataillé ferme contre le héros algérien de l'époque : l'émir Abd el-Kader.

Si je rappelle ces faits, c'est pour insister sur un point important : l'émir Abd el-Kader avait été proclamé par son peuple commandeur des croyants à vingt-quatre ans. Il se lançait donc dans une guerre sainte, contre l'envahisseur. Déjà une guerre sainte ! Les combats étaient féroces dans les deux camps, mais la tradition de la cruauté était déjà bien présente à l'époque, chez les guerriers algériens.

Ils avaient l'habitude, et l'ont d'ailleurs gardée, d'égorger leurs adversaires et de les décapiter, et même de suspendre les têtes sur les murailles des villes qui résistaient. Nos ancêtres reconnaissaient aussi qu'ils étaient de fiers combattants, farouches et courageux, qui leur donnaient beaucoup de fil à retordre.

Pendant la guerre d'indépendance, on a hélas vécu les mêmes rituels macabres, et encore pendant les années de plomb de l'Algérie, indépendante depuis trente ans. Les exactions des terroristes islamistes ont fait la preuve d'une cruauté spectaculaire.

Souvenons-nous aussi comment ont péri les sept moines trappistes de Notre-Dame-de-l'Atlas, à Tibhirine, en 1996. Ils ont été enlevés et décapités tous les sept. C'est un garagiste algérien qui a découvert les sept têtes dans des sacs en plastique, le long de la route qui menait de leur monastère à la ville de Médéa, distante de sept kilomètres. On a seulement pu enterrer les sept têtes, et depuis leurs corps n'ont jamais été retrouvés. Quels que soient les instigateurs, les responsables, ou les bras agissants, il n'en reste pas moins qu'ils ont été décapités et que l'effet a marqué les esprits du monde entier.

Quand je suis arrivé en Algérie, je rentrais d'Indochine où j'avais vécu une guerre qui n'a pas d'équivalent. Mais dans l'horreur et la cruauté, les Algériens n'étaient pas en reste, même si je reconnais qu'ils ont été des soldats valeureux. Quand ils se sont battus à nos côtés en 1914-1918, vingt-cinq mille Algériens sont morts vaillamment pour la France. Et contre les Allemands pendant la Seconde Guerre mondiale, ou même en Indochine, ils ont été aussi bons guerriers que lorsqu'ils nous ont combattus.

Plus près de nous, quand a été discutée en France, à l'Assemblée nationale, la question des bienfaits de la colonisation, le débat m'a paru manquer d'objectivité. Moi, je n'étais pas un pied-noir. Ma famille n'était pas installée depuis des générations sur ces terres où les gouvernements successifs avaient fait croire aux colons que ce territoire était le leur. Je n'étais là-bas qu'en qualité de militaire, obéissant aux ordres de ma hiérarchie, qui elle-même obéissait au pouvoir politique, il est important de le rappeler.

Je m'exprime donc aujourd'hui en toute objectivité pour dire que les Algériens ne peuvent pas tout nous reprocher, même si la France a commis beaucoup d'erreurs. Dans les populations civiles, on sentait qu'il existait des liens forts entre les deux communautés. Mais ce qui dominait chez les musulmans était le souvenir des spoliations de leurs terres qui remontaient à l'époque de la conquête, soit plus d'un siècle en arrière.

Il est vrai que les mœurs étaient différentes. Sur l'ensemble de la planète, les temps étaient à la colonisation. Pour ces conquêtes, il y avait eu des massacres évidemment. Peu à peu, au fil du XXe siècle, les mentalités ont changé. Les Algériens voulaient leur indépendance.

L'erreur des gouvernants français a été de faire croire le contraire aux populations de pieds-noirs. Et cela s'est confirmé au moment où Alger est devenue la capitale de la France libre. Les Américains y avaient débarqué en 1942, puis le Comité nationale de la libération y a été créé en 1943, et en 1944 il s'est transformé en Gouvernement provisoire de la République française. Les Français se sentaient donc chez eux. Ils ne pouvaient pas en douter. Et ça a donné des événements terribles, où la fureur s'est déchaînée des deux côtés.

En 1945, il y avait eu les épisodes sanglants de Sétif et de Guelma où des civils, les colons européens, avaient massacré de nombreux musulmans. Et cela est resté une cicatrice pour les Algériens, cicatrice recouverte par tant d'autres ensuite, qui sont demeurées gravées dans les mémoires.

Tous ces moments regrettables et ces erreurs ne permettent pas pour autant de nier le progrès que la colonisation a apporté à l'Algérie. La création des réseaux d'irrigation, l'assèchement des marais, la construction de routes, de ponts, de barrages. Sur le plan de l'éducation, de nombreuses écoles ont été bâties, des facultés, des hôpitaux, des dispensaires… et ce n'est pas pour rien qu'aujourd'hui des millions d'Algériens vivent en France et sont devenus français, quand beaucoup d'entre eux, de l'autre côté de la Méditerranée, rêvent de les suivre. Si nos gouvernants n'avaient pas mis un frein à l'immigration en provenance d'Algérie, les Algériens seraient au moins le double chez nous.

Parmi ces populations venues en France, l'islamisme fondamentaliste progresse. Dans les années 1995, notre territoire a été atteint de plein fouet et en plein cœur de Paris par des attentats islamistes. La France soutenait le gouvernement algérien devant la montée des islamistes, et les terroristes voulaient nous faire payer ce soutien.

Beaucoup ont oublié cette série d'actes terroristes perpétrés sur notre sol : huit attentats ou tentatives d'attentats à la bombe en 1995 avec, pour les plus meurtriers, à Paris, celui de la station RER Saint-Michel le 25 juillet (huit morts et cent dix-neuf blessés), et le 3 décembre 1996 à la gare du RER Port-Royal (quatre morts et cent soixante-dix blessés).

Certains des responsables ont été arrêtés et jugés depuis, et la situation s'est calmée. Mais au prix de quelle surveillance ! Et pour combien de temps ? On le sait, la France et l'Europe, sont devenues des plaques tournantes de ce terrorisme international. Tenter de l'enrayer chez nous, c'est commencer par se garantir du mieux possible des infiltrations clandestines en provenance, notamment, de l'Algérie.

Le président algérien Bouteflika faisait mine d'avoir trouvé une solution avec sa politique de réconciliation nationale. Comme on l'a vu, après cette sorte de guerre civile qui ne voulait pas dire son nom, il a tenté de réconcilier les islamistes. Mais c'était croire au Père Noël algérien, comme disent les Algériens eux-mêmes. Chacun sait que le Père Noël n'existe pas, encore moins en Algérie, où on a vite constaté que cette politique du « embrassons-nous, nous sommes tous frères, aimons-nous les uns les autres », n'a pas pu arrêter la folie meurtrière des terroristes.

Il se passe peu de mois sans que des attentats se produisent dans un pays que l'on nous disait pourtant « sécurisé » ! On sait que les terroristes islamistes montent en puissance dans leurs attentats souvent pendant les périodes du ramadan, et sur la date fétiche du 11 de n'importe quel mois, en rapport avec la tristement fameuse journée du 11 septembre 2001. Le 11 est devenu leur date emblématique. Ils veulent le célébrer comme le jour de la victoire de l'islamisme sur l'Occident.

Le 11 décembre 2007, deux explosions violentes à la voiture piégée se sont produites dans le centre-ville d'Alger, devant la Cour suprême algérienne, quartier Ben Aknoun, faisant plus de soixante morts, sans compter les blessés. L'horreur ! Et Al-Qaida a revendiqué ces deux attentats kamikazes, puisque maintenant ces groupes terroristes se font appeler « Al-Qaida au Maghreb islamique ». D'ailleurs, plusieurs remarques me viennent à l'esprit autour de ce nom.

Les groupes algériens veulent d'abord montrer qu'ils appartiennent à cette mouvance mondiale, en s'affiliant à la grande nébuleuse de Ben Laden. Ils se créent une sorte de mission divine autour d'un leader charismatique insaisissable, responsable entre autres des attentats du 11 septembre 2001 aux États-Unis. Avec ce terrible épisode sur le sol américain, Ben Laden a gagné l'admiration des islamistes fondamentalistes du monde arabe, et du monde musulman, il ne faut pas se le cacher. On l'a constaté jusque dans nos banlieues en France où des inscriptions barraient les murs de slogans à la gloire de Ben Laden.

Oui, cela chez nous ! En France !

On peut alors facilement imaginer ce que cette gloire pouvait être dans les pays arabes. Les terroristes algériens veulent ainsi donner l'impression qu'ils sont les héritiers de cette cause mondiale. Ils se présentent comme les fils spirituels du héros Ben Laden, qui tient tête au monde entier et nargue les services secrets des plus grandes puissances orientales et occidentales réunies.

D'autre part, ces terroristes ont inscrit dans leur appellation les mots « au Maghreb ». Ils veulent démontrer ainsi qu'ils se positionnent comme les chefs du réseau pour l'ensemble des pays du Maghreb, Tunisie, Algérie, Maroc, et Mauritanie comprise.

On se souvient des attentats contre les touristes français en Mauritanie. Les terroristes ont montré de cette manière leur ambition pour tout le Maghreb. Ils veulent le transformer en un vaste territoire islamiste, dont ils auraient le contrôle : le Maghreb islamiste.

De tout temps d'ailleurs l'Algérie a voulu être reconnue par ses voisins comme le pays de tête du Maghreb. Après l'indépendance, l'Algérie était auréolée des lauriers de la victoire contre la grande et puissante France. Les dirigeants d'alors ont fondé une République socialiste, proche de Moscou, et voulaient que l'on considère leur pays comme un État leader.

On comprend que le Maroc, vieille royauté de la dynastie des Alaouites, avec un roi aussi dirigiste que Hassan II, n'ait pas eu envie de s'en laisser conter par son voisin. Et d'ailleurs cette attitude n'a jamais séduit non plus la Tunisie.

Pour différentes raisons, depuis l'indépendance de l'Algérie en 1962, ce que l'on oublie c'est que la frontière terrestre avec le Maroc est régulièrement fermée.

En 1964, un conflit frontalier avait éclaté entre ces deux pays. Quelques années plus tard, les Marocains invoquaient le soutien de l'Algérie au peuple saharaoui, pour maintenir la frontière bouclée. Aujourd'hui où cette situation est toujours la même, les Marocains disent que c'est pour se protéger des infiltrations des terroristes d'Al-Qaida Maghreb. On a vu hélas à quel point ils ont pu s'en protéger, avec les attentats de Casablanca, en 2005.

Pour revenir à ceux d'Alger, en décembre 2007, il faut d'abord noter la différence des bilans. Les autorités algériennes, par la bouche du ministre de l'Intérieur, ont donné le chiffre de vingt-six morts, quand les hôpitaux qui enregistraient les victimes annonçaient soixante-deux tués et deux cents blessés. Un vrai carnage ! On peut imaginer à quel point le gouvernement était embarrassé par ce nouvel attentat d'envergure, dans l'année même où il annonçait que les terroristes étaient aux abois. « Juste une poignée, réfugiée dans les montagnes, encerclée par l'armée », affirmait le gouvernement !

Une poignée ! Mais une poignée qui fait de sacrés dégâts. Et cela après la grande opération de séduction, après le geste généreux d'Abdelaziz Bouteflika de réconciliation nationale. Le bilan de 2007 a été sanglant. Pour en rappeler seulement les épisodes les plus marquants, je citerai :

– Le 11 avril 2007, deux attentats simultanés contre le palais du gouvernement et contre un commissariat : trente morts et plus de deux cents blessés.

– Le 11 juillet 2007 : attentat contre une caserne à Lakhdaria, au sud-est d'Alger : dix militaires tués, et trente-cinq blessés.

– Le 6 septembre 2007 : attentat-suicide contre le cortège du président Bouteflika en visite à Batna : vingt-deux morts et plus de cent blessés.

– Le 8 septembre 2007 : attentat contre une caserne de garde-côtes à Dellys, en Kabylie : trente-deux morts et quarante-cinq blessés.

Depuis le début de l'année 2007, les terroristes ont franchi un cran dans le déchaînement de la violence : ils réalisent leurs attentats avec des kamikazes totalement fanatisés auxquels leurs chefs promettent l'accès direct au paradis, s'ils se font sauter pour la cause sacrée.

Le président Bouteflika ne sait plus quelle attitude adopter. Les services de sécurité sont impuissants et la politique danse une vraie valse-hésitation qui profite à ceux qui sont dans la clandestinité. D'ailleurs les mêmes épisodes se reproduisent avec une régularité inexorable. On nous répète que les terroristes sont écrasés, et comme en réponse ces derniers se lancent dans de nouvelles vagues d'attentats meurtriers.

En 2008 l'Algérie a encore compté ses morts du terrorisme, frappant le pays avec violence, à l'aide de voitures piégées. Les lieux ne sont pas choisis au hasard : toujours des symboles du pouvoir, comme l'année précédente avec celui contre la Cour suprême, ou celui visant le Haut Commissariat des Nations unies, avec un total de soixante-sept morts et le double de blessés : attentats perpétrés par des kamikazes, comme à Bagdad.

La liste serait bien trop longue à rapporter ici puisqu'à la fin du premier semestre 2008 on comptait déjà soixante attentats à la bombe, à la voiture piégée, ou par kamikaze. Durant l'été, la liste s'est allongée avec une série marquante de trois attentats qui ont coûté la vie à soixante-huit personnes. Un poste de garde-côtes à Zemmouri, le 10 août, huit morts, dix-neuf blessés ; le 19 août, devant la gendarmerie aux Issers, quarante-huit morts et quarante-cinq blessés ; et le 20 août, à Bouira, douze morts et quarante-trois blessés, visant un bâtiment de l'armée et un hôtel du centre-ville.

En 2009, la barbarie a continué, malgré la volonté de taire ou de minimiser les attentats. On en parle peu dans la presse française, mais hélas le terrorisme à nos portes ne faiblit pas. Je citerai les plus marquants :

– Le 13 février 2009, deux attentats presque simultanés ont eu lieu à Tébessa, à l'est d'Alger, tuant des civils et des gendarmes.

– Le 25 février, c'est à Jijel que neuf agents de sécurité ont perdu la vie dans une explosion perpétrée par une katiba islamiste qui écume la région.

– Le 3 juin à Boumerdès, à cinquante kilomètres à l'est d'Alger encore, huit policiers et deux enseignants ont été tués.

– Le 17 juin, ce sont dix-huit gendarmes qui ont été tués sur la route reliant Alger à Bordj Bou Arreridj.

– Le 18 août 2009, encore un attentat à la bombe contre une caserne de la garde communale à Yakouren, qui par chance n'a fait que cinq blessés…

Autant d'actes revendiqués par la branche d'Al-Qaida au Maghreb, qui continue de narguer le gouvernement algérien.

Face au terrorisme, il n'y a pas cinquante solutions : seule la manière forte en viendra à bout. On ne peut pas arrêter un kamikaze pendant son acte. Quand il s'élance, dans l'instant le mal est fait, qu'on le tue ou pas pendant son geste.

Le vieux grognard que je suis, avec l'expérience de la bataille d'Alger, sait que tout réside dans le travail en amont : le renseignement, encore et toujours, et le ratissage chirurgical. Il faut également sensibiliser les populations à ce qui les attend si elles ne contribuent pas à informer les services de sécurité. Surtout travailler en parallèle, au plan psychologique auprès des jeunes qui sont les principales troupes des djihadistes, pour les détourner de cette idéologie du suicide, soi-disant sacrée. Il faut absolument tout mettre en œuvre pour éradiquer le terrorisme ! Tout, sauf le dialogue. On ne peut pas dialoguer avec des kamikazes fanatisés.

Certains Algériens me parlent de l'année 1957, me demandant comment les paras étaient parvenus à remplir leur mission durant la bataille d'Alger. L'armée française a été très critiquée sur cet épisode, à cette époque, et encore aujourd'hui d'ailleurs. Il y a toujours des intellectuels pour juger, eux qui n'étaient pas sur place et n'avaient pas la tâche ingrate de faire la police, alors que nous étions des militaires qui obéissions aux ordres des politiques. Tout a été dit et son contraire. Côté français, seuls ceux qui en ont été les acteurs peuvent en témoigner.

Moi qui n'ai jamais eu recours à la torture, je le dis et le répète, je me demande comment procède aujourd'hui la sécurité algérienne quand elle parvient à arrêter des terroristes. Ceux-là ne se battent pas pour l'indépendance de leur pays, mais pour gagner le paradis ! Ils ne craignent pas la mort puisqu'ils savent qu'ils mourront de toute façon, comme ils le souhaitent.

Comment redouter la mort quand on fait tout pour la trouver ? Qu'elle vienne de l'explosion des ceintures qu'ils portent, ou qu'ils soient tués par l'armée, peu leur importe puisque, à leurs yeux, dans les deux cas ils seront des martyrs de la cause d'Allah.

Quand on est confronté à cette forme de terrorisme, seul le travail en amont peut apporter des résultats.

En laissant la situation se gangrener et s'étendre en Algérie, c'est tout le Maghreb qui est menacé, mais aussi la France et l'Espagne, deux pays désignés comme images de l'Occident et du colonialisme, pillant les richesses des pays pauvres, dont l'Algérie. Voilà pourquoi les terroristes s'en prennent aussi aux intérêts étrangers. D'ailleurs, le 21 septembre 2007, le numéro deux d'Al-Qaida pour le monde a appelé tous les djihadistes à passer à l'action pour débarrasser le Maghreb des Français et des Espagnols, et renverser les régimes au pouvoir, en Algérie, au Maroc, en Tunisie et en Libye.

L'ordre est donc venu du plus haut niveau international, du bras droit de Ben Laden. C'est dire l'impact qu'il peut avoir sur les réseaux du Maghreb et ceux, présents et dormants, en Europe, et notamment en France.

Voilà pourquoi, aujourd'hui, je continue de me révolter contre cette politique molle du gouvernement algérien à l'égard de ces djihadistes qui veulent faire de l'Algérie la tête de leur cheval de Troie en Europe, pour y mener leur combat destructeur.

Bien sûr, la situation n'est pas facile pour le gouvernement algérien. Mettre une chape sur le pays, c'est répéter, d'une autre manière, la chape des années de plomb. Dans les années 1990, le parti islamiste de l'époque, le FIS (Front islamique du salut), seule véritable opposition, se heurtait au pouvoir absolu de l'armée. Et plus le gouvernement agissait de façon autoritaire, plus les jeunes ne voyaient pas d'autre issue que le FIS, parti relativement modéré par rapport aux groupes clandestins d'aujourd'hui.

Pour donner l'impression d'une démocratie, l'État a organisé des élections, mais la vague islamiste en faveur du FIS a été telle que le gouvernement, à vrai dire l'armée, a interrompu les élections entre les deux tours. En réaction, les islamistes sont alors devenus plus durs et ont pris le maquis, entraînant avec eux de nombreux jeunes.

Ce durcissement a ouvert la porte à une recrudescence de la violence, de part et d'autre. Le FIS est devenu le GIA, puis le GSPC (Groupe salafiste pour la prédication et le combat), pour se transformer enfin, en 2007 en succursale d'Al-Qaida au Maghreb.

Aujourd'hui les dirigeants islamistes n'ont plus rien à voir avec ceux de l'époque des années 1990. Et l'un des chefs repentis, aujourd'hui libéré après dix-huit ans de prison, Ali Belhadj, déclare qu'il faut trouver d'urgence une solution politique en Algérie. Facile à dire ! Il prétend que le gouvernement attribue tous les attentats à Al-Qaida parce que cela arrange le pouvoir de le faire croire. Mais on dit souvent n'importe quoi : ce sont bien les terroristes islamistes qui se font sauter au nom d'Allah.

La rumeur colporte parfois des histoires invraisemblables. Un livre à succès est même paru, il y a quelques années, dans lequel l'auteur prétend que le 11-Septembre n'a pas eu lieu, ou que c'est une invention des Américains pour se donner des raisons d'attaquer l'Irak. Ou encore qu'ils exagèrent la menace terroriste pour pouvoir intervenir au Moyen-Orient, militairement ou économiquement.

La réalité est que Al-Qaida et ses adeptes veulent toujours installer dans tous les pays musulmans, et même sur le monde entier, une république islamique basée sur le Coran et sur la charia, la loi islamique. Les djihadistes prônent une prétendue justice sociale, et touchent ainsi les populations simples qui constituent leur terreau.

Certains redoutent de voir un jour l'Algérie dirigée par les taliban. C'est peut-être excessif. Mais quand on voit ce qui s'est passé en Turquie, pays laïc depuis le grand Atatürk, où finalement, élu démocratiquement, c'est un gouvernement islamiste qui est en place, et qui a rétabli dans ce pays le droit de porter le voile dans les universités, on voit comment les mentalités peuvent faire marche arrière.

Oui, c'était Atatürk, au début des années 1920, qui en Turquie avait réussi à faire imposer l'interdiction du port du voile dans les universités et dans les administrations. Quelle vision d'avant-garde, en 1920 ! Il sentait venir le vent d'un islam radical. Et pourtant à l'époque personne en Europe ne voyait pointer la menace.

Le FIS a été créé en Algérie en 1989, bien avant Al-Qaida, née en 1998. Cela prouve bien que l'Algérie n'a pas attendu que ses ordres viennent de l'Afghanistan ou du Pakistan. Avec le temps, seule la méthode a changé.

La guerre contre la présence française avait été sauvage et violente, mais jamais le phénomène des kamikazes n'était apparu. Les bombes étaient placées dans le cœur des villes, mais les combattants algériens ne se faisaient jamais sauter avec une ceinture d'explosifs sur le ventre. Cette méthode terroriste extrémiste a progressé curieusement, en même temps que le voile.

Le patron du FIS disait, au début des années 1990, qu'il luttait contre tout à la fois : le socialisme, le communisme, la démocratie, la dictature, « toutes ces immondices de l'esprit humain », pour citer ses paroles. Cela a donné les années de sang qui ont fait en Algérie les cent cinquante mille morts dont je parlais plus haut, années meurtrières qui se prolongent aujourd'hui encore.

Bien sûr, il est difficile d'arrêter un attentat-suicide puisqu'il suffit d'un seul homme, ou d'une seule femme. Mais cela sous-entend tout de même une organisation derrière le kamikaze. Tout le monde n'est pas en mesure de fabriquer une bombe de forte puissance. Le choix de la cible également n'est pas l'affaire d'un seul homme.

Les Algériens sont-ils en mesure de mettre fin, tout seuls, à cette progression du terrorisme ? Pour bien connaître ce pays, les mentalités autant que le relief, je peux dire que j'en doute.

On sait que ce terrorisme rampant progresse partout. Les services secrets de l'Algérie et de la France coopèrent, c'est certain. Mais seulement dans l'échange d'informations. Il est urgent que les pays européens, dont la France, fassent l'offre d'une aide et d'une coopération réellement efficaces au gouvernement algérien, et que celui-ci les accepte, pour repousser les attaques que les islamistes préparent contre l'Algérie, mais contre nous aussi.

Alors qu'il était élu depuis à peine plus de six mois, le président Sarkozy a rendu une visite officielle à l'Algérie, en décembre 2007. Cette visite intervenait après les émeutes de banlieues en France, et les paroles malheureuses que le président avait prononcées : le fameux « nettoyage au Kärcher ». Les Algériens voyaient en lui l'homme qui refuse les visas, qui privilégie le Maroc voisin. Aussi l'accueil que lui a réservé la population a été bien plus froid que celui reçu par Jacques Chirac en 2003, où sa visite avait été accompagnée d'une véritable liesse populaire.

Voyage plus froid mais signature, entre Paris et Alger, d'un protocole d'accord sur le nucléaire civil, ce qui signifie que la France va aider l'Algérie à se doter de centrales nucléaires. Avec ce progrès le pays pourra envisager la production d'électricité et le dessalement d'eau de mer.

C'est un événement : la première fois que Paris aura passé un tel accord avec un pays arabo-musulman. Le personnel qui formera les Algériens à ces nouvelles techniques viendra de France, de chez Areva et des universités françaises.

À cette occasion, notre président a prononcé un discours dans lequel il a condamné le système colonial français, disant qu'il avait été « profondément injuste ». Comme si les contrats sur le nucléaire qui vont donner de l'emploi en France devaient passer par cette forme de demande de pardon. Comme si cela avait été une condition. On accepte nos contrats sur le nucléaire, mais on reconnaît que nous n'avons fait là-bas que du mal. Que la colonisation n'a rien apporté aux Algériens !

C'est vrai qu'il y a eu du côté français des erreurs qui se sont produites. Mais les Algériens n'ont pas été tendres non plus. Et nous avons apporté le progrès que nous avions en France, à l'époque. Le colonialisme n'a pas été qu'un système d'oppression.

Est-ce que les petits agriculteurs qui ont défriché la terre à la sueur de leur front, qui ont planté des terres jusque-là inutilisées, sont coupables d'avoir montré aux Algériens comment on cultive ?

Est-ce que les moines, comme les trappistes qui ont été assassinés en 1996, n'ont pas tendu la main aux Algériens ?

Et ces médecins et infirmières que je rencontrais au fond du bled, qui soignaient, vaccinaient les populations et leur apprenaient comment se préserver au mieux des maladies, doivent-ils demander pardon pour avoir fait le bien ?

Et les enseignants, les architectes, les ingénieurs français, sont-ils tous coupables ?

Le comble, c'est que même certains ministres algériens, dont le ministre de l'Intérieur, numéro deux du régime, ont trouvé que les mots du président Sarkozy n'étaient pas suffisants. Qu'il fallait une vraie repentance ! Finissons-en avec ces mots qu'on veut nous imposer. Le ministre algérien des Anciens combattants réclame encore cette fameuse repentance. Pire, il veut que soit reconnus par la France et la communauté internationale ce qu'il appelle « les crimes de guerre perpétrés par la France, contre le peuple Algérien ». Pour l'instant la France n'a pas directement répondu par le rejet pur et simple de ces accusations inadmissibles. Et ce ministre algérien a placé ses déclarations au moment où les deux pays cherchaient à programmer un nouveau voyage officiel en France du président Bouteflika, réélu pour la troisième fois, après avoir fait modifier la Constitution pour lui permettre de se représenter. Si ce ministre a soulevé la question de la repentance, et surtout à l'époque de la visite en Algérie du président Sarkozy, ce n'était pas innocent, et surtout ça n'était possible qu'avec le plein accord du président Bouteflika.

Les élections présidentielles algériennes se sont encore déroulées dans un climat lourd de menaces islamistes, où les Algériens n'ont d'autre solution que de s'en remettre à l'État. Le terrorisme islamiste est toujours vivement présent dans le pays, l'islamisme radical aussi, qui étend son emprise sur la vie quotidienne des Algériens, où le port du voile islamiste pour les femmes se propage de plus en plus, comme une obligation. Et cela se ressent à tous les niveaux : par exemple, les débits de boissons se font de plus en plus rares, et les commerces ont tendance à fermer à l'heure de la prière, plus par prudence, parfois par peur de représailles, que par conviction religieuse. Tout cela creuse davantage le fossé entre l'Algérie et la France.

Quand ces vieilles cicatrices se refermeront-elles ? Comment avons-nous fait avec l'Allemagne pour pardonner à ceux qui revenaient nous attaquer tous les vingt ou trente ans, et qui ont commis des horreurs qu'aucun État n'a jamais perpétrées ? Des horreurs sans commune mesure avec ce qui s'est passé en Algérie.

Quand les Algériens auront-ils tourné la page ? Et quand cesserons-nous de nous rabaisser ? Le président Sarkozy aurait pu dire quelques mots aussi pour les Français qui ont souffert de cette guerre, ceux qui sont nés en Algérie, qui ont aimé ce pays et son peuple, et qu'un million de ces Français ont dû quitter en abandonnant tout ! Ce million d'expulsés n'a jamais été complètement indemnisé.

Non, les Algériens veulent des excuses officielles, exigent que la France demande pardon, des excuses en bonne et due forme ! Le président Sarkozy, pendant sa campagne à l'élection présidentielle, avait dit qu'il ne voulait pas entendre parler de ce terme exécrable de « repentance ».

Déjà lors du voyage officiel de Jacques Chirac, Bouteflika avait accusé la France de « génocide » ! Tout ça parce que nous avions adopté une loi, en France, qui soulignait les aspects positifs de la colonisation.

Mais cette guerre est bien loin derrière nous, près d'un demi-siècle ! Les jeunes Algériens nés au moment de l'indépendance, et après, n'ont plus rien à voir avec ce conflit. La plupart souhaitent que cessent ces vieux radotages de leurs ancêtres. Ce n'est pas ce qui leur apportera du travail, eux qui ont déjà des enfants adultes, des petits-enfants parfois, et qui souvent n'ont même pas de quoi les nourrir.

Quant à nous, les Français, arrêtons de nous autoflageller, et de nous attribuer tous les torts et tous les crimes de l'Algérie. Il y a un passé douloureux entre nos deux pays, c'est vrai, mais tournons-nous vers l'avenir. Les jeunes générations se préoccupent de leur lendemain et non du passé.

Je préfère retenir de ce voyage officiel les contrats qui ont été signés, d'un montant global de cinq milliards de dollars. Alstom assurera la construction des tramways d'Oran et de Constantine. La RATP se chargera de la maintenance et de l'exploitation du métro d'Alger, Total s'engage à investir deux milliards d'euros dans l'exploitation pétrolière.

Et je reste avec une pensée pour tous ceux qui sont morts là-bas, Français et Algériens, dont les harkis qui ont payé de leur vie leur fidélité à la France. Pour ces Français dont on n'a pas assez parlé et qui ont été tués au lendemain de la déclaration d'indépendance, comme à Oran par exemple.

Sans haine et sans nostalgie non plus, j'ai aussi une pensée pour ce peuple algérien dont certains se sont battus à nos côtés, et sont morts pour la France. Ce peuple que j'aime, broyé par l'insécurité et par le chômage, ce pays riche, pour un peuple pauvre, que certains d'entre eux continuent de vouloir quitter à bord d'embarcations de fortune, au péril de leur vie, pour rejoindre les terres de l'ancienne puissance coloniale qui leur aurait fait tant de mal !

Lettre de J.-L., un ancien d'Algérie
Mont-de-Marsan, septembre 2007

Mon Général,

J'ai eu l'immense plaisir et l'honneur de vous rencontrer en 1995 quand vous êtes venu à Mont-de-Marsan saluer votre 3e RPIMa, et je n'oublierai jamais ce moment. Il y a un autre moment que je n'oublierai pas non plus, c'est quand je vivais en Algérie, à Saïda, quand vous y étiez, et surtout quand le général de Gaulle est venu vous rencontrer. Je travaillais à la mairie, et n'oublierai jamais cette image de la foule en liesse qui vous acclamait tous les deux : vous avec le Grand. Vous êtes grand, mais le général vous dépassait d'une tête. Et je revois, comme si c'était hier, Gaby aussi, à la mairie, au cours de la présentation des corps constitués.

Vous aviez un stick sous le bras et vous expliquiez à de Gaulle vos installations. Moi j'étais derrière les barrières, contenu par le service d'ordre. Je sentais que je vivais un moment d'histoire. Celle de l'Algérie, mais celle de votre rencontre historique à tous les deux.

Comme le reste de la foule je criais aussi, « Vive de Gaulle ! », « Vive Bigeard ! ».

Et aujourd'hui je crie encore « Vive Bigeard ! », le dernier de nos héros.

Avec mes salutations respectueuses,

J.-L.

CHAPITRE V

Une pensée pour les harkis

Je ne voudrais pas avoir évoqué l'Algérie, et l'époque de la présence française, sans aborder la question des harkis, chers à mon cœur. Je ne veux pas que ces « morts pour la France » tombent dans l'oubli. Certains se sont fait tuer pour la France, et l'un d'entre eux, l'adjudant Zga, a été exécuté pour avoir été un de mes fidèles hommes de confiance, et m'avoir accompagné dans tous mes coups durs.

Pour ceux qui ne connaissent pas le sens exact de ce terme, il faut tout d'abord le rappeler. « Harki », désigne les supplétifs engagés dans l'armée française de 1957 à 1962, durant la guerre d'Algérie. En fait, ce sont des soldats « indigènes », comme on disait à l'époque, qui ont combattu aux côtés des soldats français.

Au début il s'est agi de constituer des groupes civils d'autodéfense, placés dans les quartiers. On leur fournissait des armes, et ils avaient le sentiment d'être du côté de l'ordre, l'ordre auquel ils tenaient parce que cela garantissait la tranquillité de leurs familles. Ils ne voulaient pas rejoindre les bandes du FLN, terriblement violentes, qui ne pouvaient s'imposer que par la terreur, et par le terrorisme. Il y avait aussi la garantie d'un emploi, d'une reconnaissance : ils représentaient l'autorité. Ils étaient parfois influencés par les notables locaux, et par la fierté d'appartenir à des « commandos de chasse ». Surtout, ils étaient du côté de la France que certains d'entre eux admiraient, et qui leur paraissait invincible avec ses hélicoptères et son artillerie. À leurs yeux, la France ne pouvait pas perdre cette guerre. Ils avaient de plus leur homme emblématique, le bachaga Boualem, chef coutumier, ancien député d'Orléansville et ancien vice-président de l'Assemblée nationale.

Souvent ce n'était que de pauvres gens, sans idée politique qui n'étaient pas en mesure d'analyser la situation. Oui, des gens simples, venus des classes les plus modestes de la population, souvent pris entre deux feux. Ils ne comprenaient pas le mal qu'il y avait à servir dans l'armée française, ou à ses côtés. Grâce à leur engagement, ils pouvaient nourrir leur famille, et c'était un élément qui comptait pour eux.

Si pour la France, ces hommes représentaient des frères d'armes, pour les Algériens ils ont été et continuent d'être considérés comme des traîtres, des collabos, ce que l'on peut comprendre. Mais alors, raison de plus pour nous soucier de leur sort.

À la fin de la guerre on en comptait soixante-trois mille, mais ce sont plus de cent soixante mille hommes d'origine algérienne qui ont servi dans les rangs de l'armée française pendant toute la durée de la guerre d'Algérie.

En 1961, la politique française a ouvert la voie de l'indépendance. Et à partir de cette époque notre armée a commencé à démobiliser ses supplétifs. Après les accords d'Évian signés le 18 mars 1962, les pieds-noirs comme les harkis n'ont eu d'autre solution que de quitter l'Algérie, de toute urgence. N'oublions pas le slogan que les nationalistes algériens avaient lancé : « La valise ou le cercueil ! » Et malheureusement pour les harkis, un très grand nombre d'entre eux sont morts sans même avoir eu de cercueil. Car notre attitude a vraiment été indigne.

Ces hommes qui s'étaient battus pour nous, à nos côtés, nous les avons abandonnés. Et le sort qui leur a été réservé par les Algériens a été terrible.

À la suite des accords d'Évian, l'armée française a donc désarmé les harkis, et a commencé à évacuer le territoire, laissant ces hommes aux mains du FLN, qui allait se venger sauvagement de la « trahison » contre ces soixante mille militaires, mais aussi contre les cent cinquante-trois mille supplétifs et les cinquante mille notables et leurs familles.

Je n'étais pas en Algérie à ce moment-là, mais certains de mes hommes restés sur place jusqu'aux derniers jours m'ont raconté par la suite l'ordre qu'ils avaient reçu, d'abandonner à leur sort, les Algériens qui avaient servi à nos côtés. Comme en Indochine, ces pro-Français couraient derrière les camions militaires pour y monter auprès de leurs camarades d'armes. Mais l'ordre était de ne pas les emmener, et cela a donné lieu à des scènes difficilement soutenables.

Dès le mois de mars 1962, les massacres vengeurs ont commencé en Algérie, entre Algériens, avec une montée en puissance jusqu'à l'automne de la même année. Le nombre de harkis, supplétifs et autres pro-Français tués, n'a jamais pu être établi précisément, mais le Comité national des harkis en France donne le chiffre de cent cinquante mille hommes égorgés, massacrés.

Il faut bien le reconnaître, nous avons été lamentables. Certains Français de souche ont tenté de sauver des harkis. Des officiers, souvent des responsables d'unités harkas, ont désobéi aux ordres pour sauver la vie de ceux qui avaient été fidèles à la France. Aucun plan d'évacuation n'a été prévu, le gouvernement était déjà complètement dépassé par les rapatriés qui arrivaient en masse, sans point de chute pour la plupart.

Des filières clandestines se sont organisées, ouvrant la voie vers le sud de la France, dans des camps de fortune montés à la hâte, sans aucun confort. Certains « indigènes » vont avoir la chance d'être hébergés dans des baraquements militaires, et bien sûr, pour le relogement les pieds-noirs passent avant les harkis. Ce sont plus de quatre cent mille harkis et familles qui en 1990 constituent la population des musulmans d'Algérie vivant en France.

Tous ceux que nous avons renvoyés dans leur pays d'origine ont subi le même sort que ceux que nous avions abandonnés sur place, ils ont été massacrés.

Il a fallu attendre 2005 pour que des petites indemnités soient versées aux harkis en reconnaissance des services rendus et des souffrances qu'ils ont dû supporter. Quarante-trois longues années après !

Alors oui, notre attitude a été lamentable. Mais d'un autre côté, qu'aurions-nous pu faire au moment où le gouvernement était débordé par l'afflux massif et brutal des pieds-noirs rapatriés ? Ne pas avoir prévu ces afflux de populations au moment où le gouvernement s'apprêtait à accorder l'indépendance à l'Algérie, autant pour les rapatriés d'origine française que pour les harkis, a été une grave faute. Gouverner, c'est prévoir !

De Gaulle, qui avait réfléchi à la question, avait dit alors à Alain Peyrefitte : « Si nous faisions l'intégration, si tous les Arabes et Berbères d'Algérie étaient considérés comme français, comment les empêcher de venir s'installer en métropole, alors que le niveau de vie y est tellement plus élevé ? » Voilà une question qui est plus que jamais d'actualité. Elle se pose différemment aujourd'hui, avec l'immigration en provenance principalement d'Afrique, dont l'Afrique du Nord.

Lettre de R.M., fils d'un ancien harki de Marseille, mars 2009

Mon Général,

Je suis fils d'un ancien harki réfugié en France en 1962. Mon père a eu la chance d'échapper au lynchage et à la mort, protégé par un officier français dont la famille était originaire d'Algérie.

Après pas mal de péripéties, mes parents sont parvenus au camp de Bourg-Lastic. Là j'ai grandi difficilement et nous en sommes partis en 1975. Mais je ne vous écris pas cette lettre pour pleurer sur mon sort. Avec le temps j'ai compris ce que mon père n'avait pas compris à l'époque de sa jeunesse, quand il s'est engagé dans les groupes d'auto-défense.

Si lui ne s'est jamais senti vraiment français, moi j'ai eu la chance d'être français, et d'en être fier. « Français à part entière », comme a dit le président Chirac, « avec les mêmes droits et les mêmes devoirs que les autres Français ». Je travaille, j'ai créé une famille, et je suis heureux que ma vie se soit faite en France plutôt qu'en Algérie.

Mon père avait deux idoles, le général de Gaulle et le général Bigeard. Il n'a eu qu'un regret, ne jamais vous avoir rencontré. Je vous serais reconnaissant, mon Général, de bien vouloir m'envoyer une photo de vous, ou un mot, que je lui offrirai pour l'anniversaire de ses soixante-dix ans.

En espérant que vous voudrez bien penser à ma demande, je vous prie de croire, mon Général, à toute mon admiration.

R. M.

CHAPITRE VI

Mauritanie, porte de l'Afrique

Que devient la Mauritanie ? Voilà un pays, véritable point de passage entre l'Afrique du Nord et l'Afrique noire, peuplé de Maures arabo-berbères, avec ses Blancs, *Bidanes*, et ses Noirs, *Haratines*, avec des Peuls, des Wolofs, des Soninkés, qui a connu depuis l'an 2000 pas mal de soubresauts.

En 1984, le colonel Taya prend le pouvoir par un coup d'État, et le conserve pendant vingt et un ans. Une aussi longue période ne peut se concevoir en Afrique qu'avec une main de fer, qui favorise la corruption et se maintient par la restriction des libertés. En 2005, il est renversé, encore par un putsch, mené par le colonel Vall, qui met en place un régime démocratique avec, en 2007, l'élection d'un président de la République, Cheikh Abdallahi. Mais celui-ci est renversé en 2008, encore par un coup d'État.

Il est certain que quand un pays est préoccupé avant tout par des calculs politiciens intérieurs et les complots, c'est la porte ouverte aux infiltrations venues de l'étranger. Les agitateurs islamistes en ont profité et se sont infiltrés sur le territoire où les frontières sont difficiles à contrôler, puisque le pays n'est qu'un immense désert. Il y a toujours moyen d'y pénétrer par les grandes étendues de sable. L'Algérie a une frontière commune, et les islamistes d'Al-Qaida au Maghreb ont tôt fait de la franchir pour y répandre leur poison. Ils agissent sur un territoire, puis s'évaporent dans le désert.

Soudain le monde en a pris conscience avec l'assassinat de quatre Français tués la veille de Noël 2007, suivi de la mort de trois militaires mauritaniens, dans le nord du pays.

À partir de ces actes terroristes la question s'est posée de maintenir ou non le passage du rallye Paris-Dakar qui traversait le pays, sans problème, depuis 1979. Les autorités françaises ont vivement déconseillé aux organisateurs de traverser ce pays. Pour les Mauritaniens, supprimer cet événement fut une catastrophe qui a donné un coup de frein à l'économie touristique. Sur quinze étapes de la course, huit passaient en Mauritanie, et de plus les autorités françaises ont déconseillé aux touristes de se rendre dans le pays. Aussitôt les agences de voyages ont arrêté tout circuit en Mauritanie, et c'est ainsi que la population se trouve indirectement victime d'Al-Qaida.

Au début, cette course ne rencontrait aucune difficulté sur ce territoire; les populations y trouvaient un réel intérêt, mais depuis quelques années les dangers se sont progressivement accumulés, avec des pillards, et à présent avec les islamistes.

L'action de nos services de la DGSE a été très efficace pour retrouver les assassins, ce fut digne d'un scénario de film.

L'assassinat a eu lieu près de la ville d'Aleg, à deux cent soixante kilomètres à l'est de Nouakchott. Les Français voyageaient en famille, se dirigeaient vers le Mali, et se rapprochaient de la frontière du Sénégal. Ils avaient quitté la route pour déjeuner quand des hommes enturbannés les ont agressés, et les ont tués par balles.

Les gars de la DGSE ont utilisé les grands moyens et sont très rapidement parvenus à identifier les tueurs, à les traquer, les localiser et les interpeller. Les terroristes se sont enfuis en passant trois frontières. Dès le lendemain de l'assassinat, Paris a organisé une cellule de crise au siège de la DGSE, comme cela se fait toujours en pareil cas. Des spécialistes ont immédiatement été envoyés sur place, des barrages ont été dressés sur les routes et les pistes par les autorités mauritaniennes, et deux semaines plus tard, les assassins ont été arrêtés, mais en Guinée-Bissau, c'est-à-dire trois frontières plus loin. Ils avaient fui à travers le désert, et franchi le fleuve Sénégal.

Mais dans le désert, c'est comme dans la jungle. J'ai bien connu ces régions et ce type de relief quand j'étais en poste au Sénégal ou dans le désert algérien : il est impossible de placer un soldat derrière chaque dune ou derrière chaque arbre. Et les frontières sont franchies en dehors des grands axes routiers. Pourtant, dans le cas de ces fuyards, ils ont utilisé les transports en commun, bus et taxis collectifs, pour parvenir à Dakar. Puis ils ont traversé la Gambie, la Casamance, et sont enfin arrivés en Guinée-Bissau en se faisant passer pour des hommes d'affaires, en fréquentant les grands hôtels où nos gars de la DGSE les ont cueillis, puis les ont remis à la police sénégalaise.

Les assassins étaient fiers d'avoir tué des Français, « alliés des Américains » comme ils l'ont dit, et surtout des chrétiens, « des infidèles », selon leurs déclarations. Leur plan était de s'éloigner de la Mauritanie, pour s'enfoncer en Afrique de l'Ouest, et de là prendre un avion pour regagner l'Algérie.

Les gouvernements des pays concernés ont collaboré pour aider à l'arrestation, ceux de Mauritanie, du Sénégal, de la Gambie et de la Guinée-Bissau. Ils ont bien compris qu'il est dans leur intérêt de mener une action spectaculaire comme celle-ci, en réponse aux actes terroristes, pour tenter de freiner les plans de ces derniers afin qu'ils évitent de recommencer de sitôt.

Dans ce cas, comme dans beaucoup d'autres, les assassins étaient des jeunes désœuvrés qui trouvaient dans l'islamisme une façon de se distinguer de leurs proches, une manière de devenir des héros de la cause islamiste, notamment de la branche qui les avait enrôlés, le GSPC (Groupe salafiste pour la prédication et le combat). Certains d'entre eux avaient suivi une formation de guérilla dans le Sahel, au nord du Mali, qui est devenu une zone tampon où les terroristes trouvent refuge, au-delà de la frontière. Une situation identique à celle du Pakistan par rapport à l'Afghanistan. Une zone qui sert de base arrière aux terroristes visant le territoire algérien, ou aussi bien le territoire mauritanien.

Le ministre du Tourisme mauritanien a eu beau se vouloir rassurant en affirmant que la Mauritanie est un pays de paix, c'était sans compter sur l'assassinat d'autres gendarmes mauritaniens en 2008, puis l'attentat contre l'ambassade d'Israël à Nouakchott également en 2008, puis l'assassinat d'un Américain au début de l'été 2009 suivi de l'attentat-suicide tout récent d'août 2009, contre l'ambassade de France, où un kamikaze a fait exploser sa ceinture d'explosifs, blessant trois personnes. Le terroriste a été identifié, et c'était bien un jeune mauritanien membre de la mouvance djihadiste. Un cap a donc été franchi puisqu'il s'agissait du premier attentat perpétré par un kamikaze, en Mauritanie. Ce qui prouve la progression, lente mais certaine, d'Al-Qaida au Maghreb.

Les membres de cette organisation islamiste en provenance d'Algérie poursuivent leur pénétration bien plus bas qu'au Sahara, jusqu'en Afrique noire. Et cela représente un très grave danger pour les années à venir car les jeunes de ces régions vivent un chômage constant. Ils n'ont aucun espoir de voir leur situation s'améliorer, et ils ressentent leur condition comme une grande injustice face aux notables qui vivent richement. Que faire sinon tendre l'oreille à des recruteurs qui viennent leur parler de justice et de Dieu? Les assassins des quatre Français ont invoqué leur allégeance à Allah, dont ils se disent être les combattants. Ils ont avoué avoir été formés dans des camps d'entraînement situés au nord du Mali. De là, leur objectif a été précisé: la Mauritanie. Cette situation, ajoutée à des tentatives avortées mais qui ont été portées à la connaissance des autorités françaises, a poussé la France à intervenir auprès des organisateurs du Paris-Dakar.

Au nord de la Mauritanie, fin décembre 2007, un autre groupe d'Al-Qaida avait un autre mauvais coup en préparation, contre des Européens qui symbolisent toujours la richesse de l'Occident. Leur projet : en trouver et en enlever. L'armée mauritanienne a été alertée et s'est portée à l'encontre des terroristes islamistes. Dans cet affrontement, l'armée mauritanienne a perdu quatre hommes.

Qui pourra critiquer alors l'arrêt du rallye Paris-Dakar qui, pour le coup, aurait offert une cible formidable aux islamistes, avec relais immédiat sur les télévisions de France et du monde entier, puisque l'épreuve compte des concurrents venus de différents pays ? Quelle fantastique publicité pour les islamistes qu'une telle attaque contre cette immense colonne de véhicules ! Des groupes sont disséminés de partout dans ses régions, et à travers le monde, et chaque action des terroristes islamistes où que ce soit, est considéré comme une victoire par leurs congénères. Et tout ceci, hélas, ne changera pas malgré le énième coup d'État, celui de l'été 2008.

Lettre de P. B., institutrice à la retraite
Reims, juin 2009

Général,

Pas un matin ne se passe sans que je pense à vous, dès le lever du lit. Il faut vous dire que j'ai devant moi, posée sur ma table de nuit, une photo de vous en portrait avec le lieutenant Sentenac en fond, accrochée au mur de votre bureau. Et cette photo représente toute ma jeunesse car j'étais toute jeune institutrice à Colomb-Béchar quand vous étiez en train de vous battre à quelques kilomètres de là, à Timimoun.

Avec mes parents j'avais passé mon enfance au Sénégal, puis en Mauritanie. Ils y étaient tous deux enseignants. Vous voyez, j'ai de qui tenir.

C'est dans ces années 1957 que mon admiration pour vous a commencé. Et depuis elle n'a jamais cessé. Je découpais les photos de vous dans les journaux qui ne parlaient que de vous pendant la guerre d'Algérie.

Je me suis mariée. J'ai eu deux filles, et avec mon mari elles partagent toujours mon admiration pour vous.

Je suis vieille aujourd'hui et cette photo de vous me retient à la vie, à ma vie dans les sables où tant de soldats français sont morts, et où des touristes français sont encore morts récemment tués par les enfants de nos adversaires d'hier.

Je n'ai jamais pu vous rencontrer en chair et en os mais j'ai l'impression que nous nous connaissons si bien ! Vos livres sont mes livres de chevet, et je dors bien grâce à vous car vous veillez sur moi, même pendant mon sommeil.

Merci pour tout, Général, merci d'avoir été et d'être encore.

Votre admiratrice.

P. B.

CHAPITRE VII

La Libye de Kadhafi

Le 1er septembre 2009 a marqué les quarante ans de règne du chef d'État arabo-africain le plus mégalomane, celui qui se prend depuis son accession au pouvoir pour le roi des rois.

En 1969, il a renversé le vrai roi de Libye, Idris 1er, et s'est autoproclamé colonel à vingt-sept ans. Mais au moins, il ne s'est pas nommé général, et n'a pas changé de grade depuis. Il a toujours eu pour obsession de se venger de l'époque coloniale. En 1972 il a voulu devenir le chef d'une forme d'alliance arabe avec l'Égypte et la Syrie, mais ça a été un échec puisque le projet a été rejeté par ses deux partenaires. Il s'est alors tourné vers la Tunisie en 1974, pour une fusion entre frères, projet resté sans lendemain, là aussi. Puis en 1981, il a tenté une alliance avec le Tchad, là encore restée sans suite, et enfin en 1984, il a fait de même avec le Maroc, mais là encore l'idée a fait long feu, et Hassan II y a vite mis fin. Dans sa folie des grandeurs il a alors lancé le concept de l'Union africaine.

Kadhafi, c'est l'homme qui a soutenu toutes les révolutions, tous les mouvements rebelles, et surtout le terrorisme d'où qu'il soit : l'IRA par exemple, dans la guerre qui a opposé les catholiques et les protestants en Irlande du Nord. L'OLP de Yasser Arafat, les Brigades rouges en Italie, l'ETA, et tant d'autres. Toujours dans son désir de laver la honte qu'il n'a cessé d'éprouver pour la colonisation du monde arabe et de l'Afrique.

Kadhafi, c'est encore l'homme qui a tiré les ficelles de l'explosion de Lockerbie, en Écosse : en 1986, un avion américain de la PanAm avait explosé en plein vol au-dessus de l'Écosse. Deux cent soixante-dix morts. De même, avec l'attentat en 1989 du DC-10 de la compagnie aérienne française UTA. Cent soixante-dix morts. Au point que le Conseil de sécurité de l'ONU avait déclaré en 1992 un embargo militaire et aérien contre la Libye, même contre le pétrole, jusqu'à ce que Kadhafi soit redevenu un peu plus raisonnable, sept ans plus tard, en livrant à la justice écossaise les deux suspects libyens de l'attentat de Lockerbie, pour qu'ils soient jugés aux Pays-Bas devant la Cour internationale de justice de La Haye. Et ce n'est qu'en 2003 que les États-Unis ont levé leur embargo commercial.

Depuis, Kadhafi a multiplié les gestes de bonne volonté vers l'Occident, pour montrer un visage fréquentable. Inutile de préciser combien les libertés et les droits humains sont sans cesse violés en Libye, des dizaines de tentatives d'assassinats ont eu lieu contre lui. Mais il résiste et se porte comme un charme, et la répression contre les comploteurs est féroce. Au moins, avec lui, avec sa population et sa police qu'il mène d'une main de fer, pas de terrorisme islamiste dans son pays.

Mais son nouveau visage n'est en fait qu'un masque qui cache difficilement son véritable fond. Qui peut oublier le traitement qui a été réservé aux infirmières bulgares innocentes, arrêtées, torturées, sous le faux prétexte qu'elles avaient contaminé du virus du sida des enfants libyens.

Et tel père, tel fils. L'un de ses fils, prénommé Hannibal, collectionne les faits divers, remontant les Champs-Élysées à 140 km/h, brûlant plusieurs feux rouges, lançant ses gardes du corps se battre contre les policiers qui voulaient l'interpeller. En 2005, il a été condamné par un tribunal parisien à quatre mois de prison avec sursis pour avoir battu sa concubine alors enceinte. En 2007, il a été impliqué dans un réseau de call-girls sur la Côte d'Azur. En 2008, il a été arrêté par la police suisse pour mauvais traitement envers deux employés de maison. Etc.

À une question que posait en décembre 2007 un journaliste à un autre fils de Kadhafi, Seif Kadhafi, pour savoir si la Libye était favorable à la proposition du président Sarkozy d'Union pour la Méditerranée, le fils du chef de l'État libyen a répondu très sérieusement : « Oui, si cette union n'inclut pas Israël ! » Ce qui veut dire pas d'Union pour la Méditerranée puisqu'Israël a une longue bande de son territoire sur les rives de la Méditerranée.

Quant au père Kadhafi, on l'a vu reçu en grande pompe, en 2007, par les chefs de différents États européens qui ont fermé les yeux sur ses caprices et ses frasques pour tenter de lui faire signer des contrats qu'il ne respectera peut-être même pas. Que ce soit avec Nicolas Sarkozy, Sergio Berlusconi, Gordon Brown, ou le président de la Confédération helvétique, Kadhafi a joué les superstars, étalant sa tente bédouine en pleine ville pendant la Journée internationale des droits de l'homme, ou se faisant protéger par de superbes femmes gardes du corps libyennes.

Tout cela serait risible si Kadhafi n'était pas un homme dangereux, très dangereux. C'est lui qui oublie le traitement que son pays a réservé aux infirmières bulgares et accuse les Européens de maltraiter les immigrés en déclarant à la tribune de l'Unesco à Paris : « Les Européens font de la surenchère sur les droits de l'homme et nous interrogent sur le respect des droits de l'homme dans nos pays. Mais les étrangers sont maltraités en Europe ! »

Je ne peux pas oublier non plus sa déclaration faite le 10 avril 2006 sur la chaîne arabe de télévision Al-Djazira, et qui donne beaucoup à réfléchir :

« Tous les gens doivent être musulmans. Aujourd'hui nous sommes en train de corriger l'histoire humaine. Nous avons déjà cinquante millions de musulmans présents en Europe. Ils sont les signes que Dieu rendra l'islam victorieux en Europe. Sans sabres, sans fusils, sans conquêtes militaires, les cinquante millions de musulmans d'Europe transformeront ce continent en un continent musulman, en peu de décennies. Dans dix ans, ils seront cent millions et transformeront l'Europe en un continent musulman ! Pareil en Amérique. Dieu mobilise la nation musulmane de Turquie pour l'ajouter à l'Union européenne. Ces cinquante millions de musulmans deviendront des centaines de millions en Europe, et pareil en Amérique. Ils devront accepter de devenir musulmans dans le cours du temps, ou alors de déclarer la guerre aux musulmans. »

Lettre de L. C., chef de stock
de Châlons-en-Champagne,
septembre 2009

Mon Général,

Les années commencent à peser sur mes épaules, mais je me redresse toujours en vous prenant pour exemple. Je pense souvent à vous, surtout dans les moments difficiles, et vous me redonnez la pêche.

Oui, je pense à vous, et ça repart.

Devant la déliquescence de la France, je me demande ce que vous pensez, mon Général. J'ai souvent l'impression qu'être militaire est devenu une tare, et quand je parlais au bureau de mes années d'armée il y a peu encore, j'avais l'impression qu'on se moquait de moi et de l'armée.

Mais il n'y a pas longtemps, un copain qui est sous-chef de stock dans la même boîte que moi où je suis son chef, a eu son fils qui s'est engagé dans les paras. Depuis je ne suis plus le seul à parler militaire. J'ai même apporté une photo de vous que vous aviez eu l'extrême gentillesse de m'envoyer dédicacée, comme je vous en avais prié.

Eh bien j'ai découvert plein de copains qui voulaient voir la photo, et qui bavent devant.

Aujourd'hui je vais vous avouer quelque chose, mon Général, que je répète souvent chez moi : j'aurais voulu être votre fils. Pardon, mon Général, mais c'est vrai, parce que je vous considère un peu comme le père de la France.

Je tenais à vous écrire ça parce que c'est ce que je ressens vraiment.

Je vous assure, mon Général, de toute mon admiration.

Votre dévoué

L. C.

CHAPITRE VIII

Afghanistan, où tout commence

Mourir pour Kaboul ? Vu de Paris ou de la France profonde, c'est vrai que le bourbier afghan ne semble pas en valoir la chandelle. Pourquoi envoyer nos fils se battre si loin, se faire tuer parfois ?

Dans les années cinquante, nous nous posions la même question quand les jeunes partaient en Indochine. Chaque mère de famille s'interrogeait, comme aujourd'hui d'autres s'interrogent sur les raisons de l'envoi de nos troupes en Afghanistan, l'envoi de nos enfants. Pourquoi ?

L'Afghanistan est au cœur du problème islamiste, la République islamique d'Afghanistan, pour être plus précis. Le pays affiche fièrement son attachement à l'islam. D'ailleurs sa devise est « Allah est le plus grand. Il n'y a pas d'autre Dieu qu'Allah, et Mohamed est son prophète ». Jusque-là il n'y aurait pas lieu d'en discuter. Chacun est libre de ses choix religieux. Mais le drame est que ce sont les islamistes taliban qui tiennent le pays, en profondeur. En tout cas l'esprit, ou la peur, font que les populations courbent l'échine devant ces jeunes fondamentalistes.

À cela s'ajoute la présence des troupes étrangères. Et on a beau venir en libérateur, si une armée étrangère n'a pas rapidement réussi la mission annoncée, dans n'importe quel pays, et si elle n'est pas repartie aussitôt, elle finit par être ressentie comme une armée d'occupation.

Souvenons-nous, en France, à la fin de la Seconde Guerre mondiale. Il a fallu un de Gaulle pour faire repartir les Américains d'où ils étaient venus. Ils nous avaient aidés pourtant et même, ils avaient très largement contribué à nous sauver, mais une fois la guerre terminée, une fois la victoire acquise, nous ne voulions plus les voir sur notre territoire. Et si la guerre s'était prolongée après le Débarquement, nous n'aurions plus supporté leur présence. Cela n'empêche pas qu'aujourd'hui nous sommes amis, et même alliés.

Il faut repenser à ce que nous avons vécu pour comprendre les autres. Surtout qu'en Afghanistan les troupes étrangères sont pour la plupart composées d'Occidentaux. Le sentiment de différence est donc beaucoup plus fort que dans notre relation avec les Américains, pendant ou après la guerre.

Il y a aussi la religion qui creuse le fossé, et les habitudes de vie. Là dessus, il suffit d'une ou deux bavures pour que nous soyons ressentis comme des troupes d'occupation. Et le récent bombardement par des avions de l'OTAN, le 4 septembre 2009 à Kunduz, de camions-citernes pleins d'essence, n'est pas fait pour arranger la situation. Même si des taliban ont été tués, des civils ont péri également dans les explosions. Depuis 2001, des milliers de civils ont été victimes de frappes aériennes, de grosses bavures qui sont à déplorer pour le massacre d'innocents, mais aussi parce qu'elles poussent ces mêmes populations désemparées dans les bras des taliban. Les autorités de Kaboul, comme d'ailleurs les forces internationales, perdent toute crédibilité aux yeux des populations, qui vont gonfler les rangs des islamistes.

Pour mieux comprendre les habitants de ce pays, et les difficultés qu'ils rencontrent, il faut rappeler que le territoire est enclavé, enfermé entre le Turkménistan, de sensibilité turque et musulmane, mais ayant appartenu à l'ancienne Union soviétique. L'Ouzbékistan, pays musulman, aussi de l'ancien bloc soviétique. Le Tadjikistan, idem. La Chine, qui compte un tout autre peuple de plus d'un milliard et demi d'habitants. Restent l'Iran et le Pakistan qui sont les deux États dont les populations sont les plus proches des sensibilités afghanes. Sauf que l'Iran se ferme sur lui-même et tient à sa différence (ce sont des Perses, comme ils le revendiquent fièrement), et que le Pakistan est en proie au chaos politique, avec des frontières très perméables et des complicités qui pourrissent toute tentative de règlement de la question terroriste.

Les Afghans se sont battus tout au long de leur histoire : contre les Indiens, les Perses, les Russes et les Britanniques qui ont fait partie de la coalition occidentale dès le début de l'intervention venue les libérer du joug islamiste talibé. Et au début du siècle dernier les Afghans avaient décimé les troupes anglaises dont un régiment avait été totalement anéanti, et un autre n'a compté que quelques survivants. C'est dire que ce sont de solides combattants.

Depuis 1919, ils vivent dans l'instabilité. Les successions de chefs d'État se sont faites à coups de putschs et d'assassinats. On se souvient des épisodes les plus récents avec l'invasion soviétique de 1978 à 1992. Puis les Américains ont soutenu les taliban. Une fois que ces taliban ont été au pouvoir, les Américains les ont renversés, en 2001. Et l'OTAN a pris la relève. On peut donc comprendre que les populations civiles ne sachent plus trop à quel saint se vouer.

La presse mondiale nous a montré la destruction des deux statues géantes de 53 et 35 mètres de haut, des bouddahs de Bamiyan, par les taliban. Des vestiges qui dataient du Ve siècle, inscrits au patrimoine mondial de l'humanité. Mais ces destructions, que je regrette comme tout le monde, ne sont rien à côté des exactions et des massacres que les taliban ont commis depuis, au nom d'Allah, puisqu'ils veulent installer dans leur pays, selon leurs propres déclarations « le plus pur État islamique du monde » !

Dans tous ces conflits il ne faut pas penser qu'à la question politique. Il faut également comprendre l'économie du pays. Ne pas perdre de vue que les Afghans vivent aussi, actuellement, et plus que jamais depuis 2004, de la culture du pavot, qui donne l'opium et l'héroïne. Dans ce domaine ils sont les champions, ils battent tous les records. L'Afghanistan est devenu le premier pays du monde producteur de pavot ! Dans la seule année 2006, la production d'opium a augmenté de 60 %, dans un pays où plus de la moitié de la population n'a pas de logement. Et cette culture se développe dans les régions tenues par les taliban. Comment s'étonner alors que la corruption détruise tous les combats des troupes de l'OTAN, et des efforts des ONG ?

En Afghanistan en 2009, quarante pays constituent la force internationale d'assistance à la sécurité de l'OTAN. Cette force se déplace sous le mandat des Nations unies. Les Américains ont fourni le plus gros contingent avec quinze mille soldats. Les Anglais sept mille huit cents. Les Allemands trois mille cinq cents. La France trois mille. Les Italiens deux mille trois cents. Le Canada mille sept cents. Les Pays-Bas mille cinq cents hommes. La Pologne et la Turquie mille cent et l'Australie mille soixante-dix. Viennent ensuite le Danemark avec sept cent quatre-vingts hommes, l'Espagne sept cent quarante, la Roumanie cinq cent trente-cinq, la Norvège quatre cent quatre-vingt-quinze, et la Bulgarie quatre cent vingt. Il y a de plus, la Belgique, la Suède, la Lituanie et la Hongrie qui ont envoyé entre deux cents et quatre cents hommes. Et enfin douze autres pays qui ont envoyé des détachements de moins de cent soldats. Et malgré cette présence importante, les troupes étrangères affichent peu de succès, et surtout beaucoup trop de pertes.

Si je donne ces chiffres, qui bougent bien sûr avec le temps, c'est pour dire combien le commandement de l'ensemble de ces troupes ne doit pas être facile. Certaines sont bien entraînées, d'autres au contraire n'ont aucune expérience, et ne sont pas préparées aux actions de contre guérilla, que l'on peut presque appeler une insurrection.

Certains régiments sont bien formés à ce type de combat, comme les Français, les Anglais, et les Américains par exemple, qui ont envoyé plus de deux mille deux cents marines dans le sud du pays. Mais il y a des militaires qui n'ont aucune expérience dans ce domaine. Et cela a donné des engueulades au sommet entre les différents pays européens et le commandement.

Les soldats qui ont trouvé la mort côté OTAN sont bien trop nombreux. Et la France a été en état de choc depuis l'embuscade du 18 août 2008, à une cinquantaine de kilomètres de Kaboul. Dix soldats français y ont trouvé la mort. C'est le bilan le plus lourd depuis la triste affaire du Drakkar à Beyrouth. Sauf qu'au Liban il s'agissait d'un attentat, tandis qu'ici il est bien question d'une embuscade et de combats. Depuis 2001, les forces françaises avaient perdu quatorze soldats. Et là, en une seule attaque, dix de nos hommes ont été tués.

La région du combat, tout près de Kaboul, était aux mains des taliban où ils règnent en maître. Car dans ce pays les populations ne sont pas toutes du côté des militaires étrangers qui combattent auprès des soldats afghans. Au contraire, souvent elles sont les complices volontaires, ou les complices obligés, des taliban. Ceux-ci forcent les populations rurales à les protéger, les manipulant au nom d'Allah ou au nom de leur pauvreté, puisque leur sort misérable n'a pas changé depuis des années.

Je rends hommage à tous nos combattants partis là-bas, bien sûr à ceux du 3e RPIMa, mais surtout à ces hommes du 8e RPIMa qui ont perdu la vie. Je pense aussi à leurs parents, et aux fiancées qui les attendaient, ne peuvant imaginer qu'ils ne reviendraient pas vivants. Car c'est comme ça : on a beau savoir qu'un soldat qui part au combat court des risques pour sa vie, on ne veut jamais y croire pour ses proches. Et ce n'est pas la Légion d'honneur qui leur a été attribuée à titre posthume – même s'il fallait le faire – ou les obsèques officielles et l'hommage de la nation à ses soldats, qui consolera la douleur de ceux qui les ont perdus.

Les versions de cette attaque ont été bien différentes selon les sources, confuses et lamentables.

Premier temps : la version de certains journalistes présents à Kaboul, et qui ont d'abord rapporté des témoignages accusant le commandement qui aurait été trop lent à réagir. Selon ces reportages, les hommes seraient restés quatre heures sous le feu des assiégeants, sans aucun secours, aucun ordre et trop faiblement équipés en munitions. Puis on racontait que quatre avions venus finalement en renfort auraient tiré n'importe comment et atteint certains de nos hommes.

Deuxième temps : l'OTAN dément tout en bloc. Faux, les tirs des avions contre nos soldats ! Faux encore, la lenteur de réaction des renforts ! Dès la première demi-heure des échanges de tirs, des troupes seraient venues épauler les militaires sur place. Il faut reconnaître que dans ces régions on ne peut pas se déplacer à toute allure, sur des routes plus ou moins piégées.

J'ai reçu pour ma part des informations dont je ne dévoilerai pas les sources, mais qui me paraissent fiables. Elles proviennent de vrais témoins, présents sur les lieux et rentrés depuis en France, et correspondent à peu de chose près aux déclarations du commandement.

D'abord les soldats pris dans l'engagement n'étaient pas des amateurs. Des paras sérieusement entraînés. Le 8e est un régiment d'élite. De vrais combattants. Mais je sais trop combien un piège peut venir à bout des meilleurs hommes parfois. J'ai vécu trop de victoires et de défaites pour laisser fanfaronner des gens qui ne se sont jamais trouvés dans de telles situations, ou qui n'ont jamais eu un fusil en main et qui se permettent de porter des jugements à l'emporte-pièce. Les deux sections françaises du 8e RPIMa et du RTM (régiment de marche du Tchad), n'étaient pas seules. Deux sections afghanes, formées par des instructeurs français les accompagnaient, et des forces spéciales américaines également.

La patrouille, équipée de gilets pare-balles, est partie le matin de Kaboul et est arrivée à ce point de la vallée vers 13 heures 30. Cette vallée est encaissée aux pieds de montagnes assez hautes, et la route monte en lacets.

Deux heures plus tard, les hommes à pied sont attaqués par les taliban au fusil et au lance-roquettes. Les taliban sont nombreux, près d'une centaine. Ils encerclent l'avant-garde de la section, et font de même sur l'arrière. Le RTM est également encerclé. Et il ne faut pas être spécialiste pour comprendre que si nos hommes sont bloqués à l'avant et à l'arrière, c'est qu'ils sont pris dans la nasse.

Les forces régulières ne restent pas sans réagir, se défendent, et vingt minutes plus tard, voyant que la situation devient très périlleuse, elles demandent du secours. Ces renforts ne parviennent, selon certains, qu'une demi-heure plus tard, selon d'autres une heure. Mais ce qui est prouvé, c'est qu'ils arrivent en plusieurs vagues, dont plusieurs équipés de mortiers de 81 mm. Hélas, parfois quelques minutes suffisent à un désastre.

Les combats se prolongent et les deux camps sont très proches l'un de l'autre. Ce qui rend très difficile l'intervention des hélicoptères américains, qui risquent de toucher des hommes des forces régulières. Des médecins sont déposés sur l'arrière, avec dix commandos. Le bataillon français de Kaboul engage également trois sections d'infanterie.

À 20 heures, les combats se poursuivent toujours et les taliban ne décrochent pas. Il est 23 heures et les engagements se prolongent encore. Des munitions parviennent aux Français. Mais la nuit est tombée. Et les combat vont s'étirer plus sporadiquement. Jusqu'au matin où ils reprennent plus faiblement. Entre-temps, les hélicos Caracal ont évacué des blessés, mais la nuit noire a empêché une recherche complète qui ne se fera qu'au lever du jour. Dans la nuit, un véhicule français, qui procède à des évacuations, tombe dans un ravin. Un Français est tué et trois blessés sont relevés.

L'embuscade n'était pas improvisée à la dernière minute. Elle a été bien préparée par des assaillants nombreux en hommes et en matériel, disposant d'une grosse quantité de munitions, et possédant une parfaite connaissance du terrain. Malgré les renforts, malgré les drones, malgré les hélicos américains, les combats ont été rudes, et les adversaires sont restés longtemps accrochés à leurs positions.

Le lendemain de cette attaque, l'aviation de la coalition a poursuivi et bombardé les taliban dont plus de trente hommes ont été tués, qui viennent s'ajouter aux quarante insurgés morts lors de l'embuscade de la veille, dans la confrontation avec nos troupes au sol. Mais nos dix soldats français sont dix morts de trop. Comme tous ceux des Français qui sont morts là-bas, au combat, ou les autres, qu'ils soient américains comme ceux tombés en Afghanistan le mois précédent, britanniques, ou de toute autre nationalité, dès lors qu'ils se battent contre le terrorisme.

D'autres attaques meurtrières auront lieu, des accidents aussi, comme ceux de cette fin septembre 2009 dus aux terribles orages ; c'est inévitable. Il n'y a pas de sécurité absolue. C'est la hantise du combattant.

La guerre est avant tout une affaire de méthode. Sur le terrain, tous les éléments doivent être pris en considération. Il faut les étudier, et y ajouter ce plus qui n'a rien de rationnel ou de technique : le pif, l'intuition, l'expérience aussi.

On ne peut nier que les insurgés afghans soient de plus en plus audacieux, parce que de plus en plus organisés et équipés. Ils n'hésitent pas à se lancer contre des forces importantes et puissantes, et savent calquer leur stratégie sur nos méthodes. C'est donc une évolution dangereuse dans l'intelligence de leur analyse. En tout cas, il ne faut pas se laisser enfermer dans nos bases pour attendre de se défendre. Cela, ils le savent, puisque dans cette terrible embuscade, ils ont su réunir beaucoup d'hommes et de matériel, puis patienter et laisser approcher nos sections pour donner l'assaut par surprise. Cela montre bien une réflexion, une

Le général d'une passion : la France. © Eyedea

Retour à Diên-Biên-Phu : 28 juin 1994. © Eric Bouvet/Eyedea

2 juillet 1994 : marché de Bong, région de Hoa Binh. © Eric Bouvet/Eyedea

4 juillet 1994 : plongée dans les eaux turquoises de la baie d'Along. © Eric Bouvet/Eyedea

Villa Bigeard à Toul. © Collection particulière

Souvenirs d'Afrique. © Collection particulière

Des milliers de lettres par an auquel le général répond depuis son bureau. © Collection particulière

17 juin 1999, avec le président Giscard d'Estaing, inauguration de l'avenue Bigeard, à Toul. © AFP

Des rues, des places, des avenues, l'hommage de la France à Bigeard. © Collection particulière

27 janvier 2004, avec madame Alliot-Marie, au ministère de la Défense, à Paris.

Visite privée d'Hervé Morin, ministre de la Défense, chez le général à Toul, en 2008.

Le général Bigeard dans son bureau, à Toul (octobre 2009).

stratégie militaire, une intelligence au combat dont il faudra nous méfier plus que jamais.

Nous pleurons nos morts, mais dans le même temps il nous faut regarder la situation objectivement, et ne pas avoir peur de prendre des décisions parfois peu populaires.

Quand je pense que l'envoi de renforts militaires en Afghanistan avait suscité de nombreuses et vives polémiques en France ! Mais il faut considérer que nous sommes en guerre contre le terrorisme. Nous n'allons pas là-bas seulement pour défendre le peuple afghan, la vie des femmes, des enfants et des hommes.

Quant à l'article qui a suivi ce drame, dans *Paris-Match*, où des journalistes français ont rencontré les insurgés qui ont tué nos gars, je trouve le procédé abject ! Avec l'excuse de la liberté de la presse, on ose faire la plus déplorable course au sensationnel. Tout ça, non pour informer mais pour vendre du papier. Voir ces taliban habillés des vêtements de nos morts m'a bouleversé. Oui, j'ai trouvé cette image dégueulasse. Il n'y a pas d'autre mot. Car le talibé, sur la photo, avait revêtu le vêtement d'un soldat français tué. Je voudrais dire à ces deux journalistes qui ont fait ce reportage, y compris à la direction du magazine, qu'ils imaginent un instant leur fils mort dans cet affrontement, et ce talibé qui se pavane habillé de la tenue de leur propre enfant. Je comprends que les familles des victimes soient révoltées. Je le suis moi-même.

Oui les taliban, là-bas depuis leurs montagnes, montrent la connaissance qu'ils ont de nos défauts : ils savent les utiliser jusqu'au cœur de notre pays avec des journalistes à l'affût de scoops pour des magazines à sensation.

Un autre élément qu'on ne peut pas ignorer : les troupes étrangères ne se battent pas seulement contre les taliban mais aussi contre les trafiquants de drogue. On sait qu'en 2009, la récolte sera au moins aussi florissante qu'en 2008 et 2007, même si elle a plutôt une tendance à la baisse.

Comment demander à des paysans qui vivent chaque jour du commerce de la drogue, leurs seuls revenus, d'être du côté de ceux qui les pourchassent et les combattent ? Ils se rangent donc derrière les insurgés islamistes qui leur autorisent implicitement ce trafic, quand ils n'y participent pas eux-mêmes.

Face à la coalition de l'OTAN on trouve donc une sorte de coalition afghane qui réunit les taliban, les tribus qui cultivent le pavot, et les populations qui en vivent directement ou indirectement. Et le pays s'enfonce dans la guerre, avec une nette et forte augmentation des attaques contre les troupes de l'OTAN. Je doute que les toutes récentes élections présidentielles d'août 2009 changent quelque chose à cette répartition de l'économie interdite. Les observateurs étrangers ont dû jouer les tampons entre les deux principaux candidats Karzaï et Abdallah, pendant que les islamistes taliban progressent sur le terrain.

Mais quelles sont les régions où sont répertoriées le plus grand nombre d'attaques ? Au sud du pays. Sur la zone frontière avec le Pakistan. Et tous ces combats ne sont pas parvenus à faire fléchir la menace. Au contraire ! Le nombre de morts n'a jamais été aussi important. Il y a les victimes sur le terrain des affrontements, mais il y a aussi les assassinats des officiers afghans à leur domicile où ils sont tués avec leurs familles. Les taliban circulent facilement dans le sud du pays. Là ils tuent, détruisent les relais téléphoniques et les écoles.

Leurs méthodes sont hélas efficaces. D'abord ils n'hésitent plus à s'attaquer directement à des bases fortifiées, prenant l'initiative des combats pendant que nos troupes sont obligées, dans un premier temps, de rester sur la défensive. En août 2008, les insurgés ont même osé lancer un assaut contre la plus importante base américaine du sud-est du pays.

Ils ont d'abord envoyé des voitures chargées d'explosifs, contre les murs et les portails du camp. Les chauffeurs se sacrifiaient pour le paradis. Puis juste derrière ces voitures-suicides, ce sont des fantassins kamikazes revêtus de vestes explosives qui sont passés à l'attaque, s'engouffrant le plus profondément possible dans les ouvertures créées par les véhicules. Des opérations de plus en plus audacieuses. Et cela, de partout à la fois, pour effectuer un harcèlement systématique des troupes régulières retranchées dans Kaboul. Ils défoncent les routes à coups de mines, et s'élancent soudain sur les véhicules et les colonnes militaires qui s'avisent de rouler. De cette manière, ils paralysent le pays.

Et puis il y a les humanitaires. Ils ne sont pas épargnés. Plusieurs d'entre eux, occidentaux, et leur chauffeur afghan, ont été tués, en plein jour aux portes de Kaboul, alors qu'ils allaient une fois de plus aider des populations déshéritées, et surtout des enfants. Leur voiture portait de manière très visible le logo de leur association humanitaire (IRC), bien connue dans la région puisque ses membres œuvrent pour le bien des populations du pays depuis vingt ans. Mais rien n'y fait.

Déjà quelques mois auparavant, deux de leurs employés afghans avaient été assassinés par les mêmes djihadistes. Qu'est-ce qui peut passer dans la tête de ces assassins qui connaissent bien la mission de ces humanitaires et qui en ont parfois bénéficié eux-mêmes étant gosses ? Depuis, cette organisation a donc suspendu son action. Et encore une fois ce sont les populations qui trinquent.

En 2004, cinq employés de Médecins sans frontières avaient été tués par les taliban.

Que font alors les autorités locales ?

Les instructeurs de l'OTAN essayent de les former, pendant que le président Hamid Karzaï, bien impuissant, fait des déclarations, condamne tous ces actes qui vont à l'encontre des intérêts des pauvres et des malades. Hélas, sans résultat !

En 2008, dix-neuf membres d'organisations humanitaires ont été tués dans ce pays. Au nom de quel Dieu, ou de quel idéal ?

La plupart des chefs afghans ont été éduqués au Pakistan, ce qui explique la relation étroite qu'il y a entre les islamistes des deux pays, et la zone de forte implantation dans laquelle ils évoluent. D'autant plus qu'au Pakistan, comme on le verra dans le chapitre que je consacre à ce pays, les islamistes fondamentalistes et Al-Qaida gagnent du terrain de façon spectaculaire.

Mais il y a un fait nouveau, depuis quelques années : une sorte d'addition de bons procédés entre taliban et Al-Qaida. Les taliban ont été épaulés financièrement et en matériel par Al-Qaida. En s'associant aux Afghans, Al-Qaida étend sa zone d'influence. En faisant front commun, les deux mouvements terroristes islamistes comptent plus d'hommes et plus de régions sous leur contrôle, à la frontière avec le Pakistan.

Voilà où nous en sommes en ce mois de septembre 2009. Les Anglais songent de plus en plus à se désengager, comme l'a dit le Premier ministre Gordon Brown. Il faut se rappeler qu'en juin 2010 auront lieu les élections générales, et que cette guerre est particulièrement impopulaire en Angleterre. Ce bourbier afghan oblige le commandement des troupes de l'OTAN à revoir la stratégie des forces internationales contre les taliban.

La plus grande erreur des décideurs de l'OTAN, c'est de ne pas avoir constitué et formé une armée afghane dès le début de notre intervention dans le pays. Les Afghans auraient été chez eux, avec une grande connaissance du terrain et des habitudes de vie des populations, et auraient été en première ligne pour éviter de donner l'impression d'une force étrangère d'occupation. Il faut d'urgence reprendre en main la stratégie pour impliquer directement la population, et qu'elle ne reste pas spectateur des événements, comptant ses morts sans pouvoir agir, sauf quand elle le fait au profit des taliban.

Oui, il faut le plus vite possible transmettre le pouvoir militaire aux autorités de Kaboul, former de manière pointue et efficace les forces de sécurité afghanes, en mettant ainsi les populations de notre côté puisque leurs propres fils seront engagés dans les opérations.

Dans le même temps nous devons continuer de réduire la culture et l'exportation de la drogue.

Il faut aussi penser à l'éducation car les enfants d'aujourd'hui sont les combattants de demain. En les envoyant dans des écoles d'État, on leur apprendra où est la liberté.

Il faut augmenter le nombre de soldats présents sur le territoire, cent trois mille hommes des forces alliées, mais aussi envoyer des instructeurs en plus grand nombre que par le passé, justement en vue de la formation des adultes, des forces de sécurité afghanes, et bien sûr des enfants.

Dans ce type de guerre subversive, il faut des soldats hypermobiles, qui ne cessent de se déplacer, pour ne surtout pas rester sur place comme s'ils attendaient que les taliban les repèrent et les attaquent.

Au lieu de tout cela nous avons perdu du temps. L'OTAN est tenu en échec, pendant que le Pakistan, base arrière des terroristes islamistes, joue chaque jour davantage un rôle de déstabilisateur et entretient chez lui une menace qui concerne à présent le monde entier.

La France va avoir à jouer un rôle très important puisque le poste de commandant suprême allié Transformation de l'OTAN a été confié le 9 septembre 2009 à un général français, Stéphane Abrial. Je lui dis bravo pour une telle nomination, nous sommes fiers de vous.

C'est l'un des plus hauts postes militaires de l'OTAN. Abrial était jusqu'ici le chef d'état-major de l'armée de l'air, et son nouveau poste à la tête de l'Alliance atlantique a toujours été confié, depuis 1949, à un haut gradé américain. Cette fois c'est à un Français que la responsabilité de commandeur suprême de l'OTAN est donnée, et pas n'importe lequel.

Son parcours est celui d'un homme brillant. École de l'Air, US Air Force Academy, pilote puis très vite commandant d'une escadrille, guerre d'Irak à la tête de la 5e escadrille de chasse d'Orange pendant l'opération « Tempête du désert », en 1990-1991. Après quoi il rejoint Bruxelles pour l'OTAN, puis l'Élysée où il est adjoint du chef d'état-major du président de la République, et Matignon comme chef du cabinet militaire du Premier ministre.

Cette nomination marque le retour de la France au sein du commandement intégré de l'OTAN, ce dont je me réjouis, comme je me félicite de voir un Français placé à cette fonction.

Quant à moi, je suis pour l'envoi en plus grand nombre de soldats en Afghanistan, mais des gars formés à cette guerre subversive et au terrain car, ensuite, il faut confier les régions reprises à des troupes qui tiendront la position qui ne peut être conservée que par la présence massive de militaires.

Il faut sécuriser l'Afghanistan et surtout pas terroriser les populations, et pour cela il y a une autre conquête importante qu'il ne faut en aucun cas perdre de vue, c'est la conquête des cœurs, chère à Lyautey quand il menait ses opérations de pacification du Maroc.

Avant de clore ce chapitre je voudrais une fois encore rendre hommage à nos soldats tués en Afghanistan, trente-quatre jeunes hommes morts pour la liberté, en cette fin septembre 2009. Les deux derniers tués par l'adversaire, Johan Naguin et Thomas Rousselle, tous deux du 3e RPIMa, étaient à bord du même véhicule blindé qui a sauté sur une mine, au nord-est de Kaboul. Dans les années récentes, ce régiment a servi dans différentes missions, entre autres en Bosnie, au Kosovo, en Côte-d'Ivoire, en République centrafricaine et en Afghanistan, car on a tendance à l'oublier mais la France intervient sur de nombreux terrains de conflits.

Actuellement nous sommes militairement présents au Sénégal, en Côte-d'Ivoire, en République centrafricaine, au Tchad, à Djibouti, dans le golfe d'Aden, aux Émirats arabes unis, au Kosovo, au Liban et en Afghanistan. En tout plus de quinze mille hommes servent hors de nos frontières.

Pour en revenir à l'Afghanistan, il est trop tard pour abandonner le pays aux taliban, donc aux terroristes islamistes. En cela je suis en plein accord avec le président Sarkozy, quand il déclare : « Nous ne pouvons pas laisser les barbares triompher. »

Lettre du colonel J.-P. P., commandant le 3e RPIMa,
Kaboul, janvier 2009

Mon Général,

C'est avec beaucoup d'émotion et un très grand respect que je vous adresse les vœux les plus chaleureux de la part de votre régiment.

Engagés en opérations, nous œuvrons dans l'exemple de nos anciens, et le vôtre en particulier, et dans l'excellence des marsouins parachutistes d'aujourd'hui de quoi écrire de nouvelles pages de l'histoire du « 3 ».

Nous vous souhaitons santé et sérénité pour « être et durer » en 2009.

Respectueusement,

Colonel J.-P. P.

CHAPITRE IX

Pakistan, la poudrière

Et si demain la « bombe » tombait aux mains des islamistes, la bombe nucléaire pakistanaise? Avec son voisin, l'Afghanistan, le Pakistan est devenu le centre même de la violence mondiale et du danger nucléaire.

Plusieurs centaines de milliers d'Afghans vivent au Pakistan, et les forces de sécurité pakistanaises essaient de contrôler la présence de militants islamistes du réseau Al-Qaida. Des islamistes attaquent souvent au Pakistan, sur la route qui mène vers la frontière entre les deux pays, les camions qui transportent l'approvisionnement des troupes américaines présentes en Afghanistan. En fait la zone frontalière côté pakistanais sert de base arrière aux islamistes afghans. L'Alliance atlantique est donc obligée de revoir son circuit d'approvisionnement et même de passer des accords avec les Russes, pour que cette aide puisse arriver en Afghanistan par d'autres voies, et notamment par le nord.

Pour rappeler combien la frontière entre l'Afghanistan et le Pakistan est largement perméable aux terroristes et à leur propagande, je citerai un exemple que nous a livré l'actualité récente.

Le 28 août 2009, un kamikaze a tué vingt-deux policiers et blessé vingt autres personnes en se faisant exploser au poste frontière entre les deux pays, à Torkham exactement. Bien sûr cela ne bouleverse pas les Français car nous sommes loin du Pakistan, physiquement et au niveau de nos préoccupations. Notre quotidien compte avant tout, et c'est bien normal. Sauf que notre futur risquerait de ne pas être aussi serein si nous n'intervenions pas dans ces régions, à la racine, comme je l'ai dit plus haut.

Ces actes existent et ils ont plusieurs sens. D'abord le lieu : il n'est pas choisi au hasard car cette ville est située sur le principal axe routier reliant les deux pays, la voie d'accès pour le transport de matériel et de vivres vers la force multinationale qui combat les taliban, en Afghanistan. Et ce n'est pas le premier attentat sur cette route, tous revendiqués par les taliban.

En décembre 2008 ils ont attaqué de façon spectaculaire les entrepôts de l'OTAN à Peshawar. Près de trois cents insurgés se sont lancés à l'assaut de véhicules militaires et ont détruit deux cents camions, en moins d'une heure. Armés de lance-grenades, et aux cris de « Allah Akbar » ils ont mis le feu à tout le système de transport et de ravitaillement de l'OTAN qui transitait par cette route. Plus d'essence, plus de fioul, pour alimenter les avions, les hélicoptères et les blindés de la coalition ! Et déjà, presque un mois auparavant, ces mêmes taliban avaient détourné treize camions chargés d'aide militaire occidentale, non loin de là.

Cela signifie aussi que les islamistes ne se gênent pas pour narguer les pouvoirs des deux pays, et les forces multinationales, encourageant par la même occasion des esprits faibles qui se laissent griser par un faux idéal, à agir chez nous.

Voilà encore une bonne raison pour nous en préoccuper, et surtout pour ne pas relâcher notre engagement dans ces régions.

Une lueur d'espoir m'avait semblé pointer à l'époque où Benazir Bhutto se présentait aux élections présidentielles pour prendre la relève du président Musharraf. C'était une femme, or dans ces pays même si la femme est reléguée au silence, elle est la matrice de la famille. Elle éduque ses enfants dès leur premier âge, et je pensais qu'une femme forte au pouvoir pouvait contribuer à faire changer les mentalités des mères de famille, en profondeur, et par conséquent celles des futurs adultes.

Si je cite madame Bhutto, c'est pour lui rendre ici une sorte d'hommage. Elle était une femme très déterminée, issue d'une famille qui a beaucoup donné pour la démocratie au Pakistan. Son frère et son père ont été assassinés, cela ne l'a pas découragée. Elle connaissait les risques mais ne parlait jamais de ses craintes. Beaucoup avaient annoncé qu'ils ne la laisseraient pas vivante, tous ceux qu'elle allait gêner, et notamment les extrémistes religieux qui ne supportaient pas l'idée qu'une femme revienne à la tête du pays.

D'ailleurs elle n'a pas eu peur d'affronter les islamistes et de les dénoncer, encore trois jours avant sa mort. Le président Musharraf avait mis le pays en état d'urgence en raison de l'extrémisme islamiste, et des risques qu'il faisait courir à Benazir Bhutto.

Ces élections étaient extrêmement importantes pour l'avenir du Pakistan, mais aussi pour l'Afghanistan, pour toute la région, et plus largement aussi pour le reste du monde. Ce qui est terrible dans ce pays, là aussi, c'est la force de la corruption, et avec l'argent les assassins peuvent corrompre qui ils veulent. Les islamistes sont installés au cœur même des villes et du pouvoir. Et Benazir Bhutto a été assassinée au cœur même des zones du pouvoir, car Al-Qaida y est très présent. Musharraf feignait de lutter contre l'islamisme, et les Américains étaient bien obligés de le soutenir. Or cette femme perturbait l'ensemble des parties en présence. Elle gênait les islamistes et le pouvoir militaire.

C'est pour ça que sa perte a été une catastrophe. Elle était plus qu'un symbole, plus que son père Ali Bhutto. L'islam allait montrer avec elle une femme dévoilée. Après un long exil elle était revenue au pays, pleine de courage, véritable combattante, l'une des plus acharnées à lutter contre l'internationale des assassins, l'internationale islamiste.

Elle a été assassinée à Rawalpindi le 27 décembre 2007, à la fin d'un meeting. Déjà le jour de son retour elle avait échappé à un attentat. Ce serait le numéro deux d'Al-Qaida, le fameux Al Zawari, qui aurait ordonné cette exécution, pour empêcher qu'une femme ne prenne la tête d'un pays musulman, même si par le passé en 1988, puis en 1993, le

Pakistan l'avait déjà eue à deux reprises comme Premier ministre. Mais la recrudescence de l'islamisme dans le monde a fait changer les mœurs au Pakistan également.

Par les frappes aériennes, depuis 2006 jusqu'en juin 2009, les sources militaires américaines reconnaissent que sept cents civils ont été tués au Pakistan, pour quinze dirigeants d'Al-Qaida. Là encore, comme en Afghanistan, on comprend pourquoi les populations de l'intérieur du pays ont le cœur qui penche un peu trop vers les taliban.

En deux ans, depuis l'été 2007, le terrorisme a fait plus de mille six cents morts au Pakistan, sans parler des milliers de blessés. Les taliban et autres terroristes d'Al-Qaida ont progressé sur le terrain, en prenant possession de la vallée de la Swat au printemps 2007, à une centaine de kilomètres d'Islamabad. Leur chef y a installé une radio islamique qui ne cesse de faire sa propagande et celle de ses idées. Il a même créé un gouvernement islamique parallèle. Depuis, les attentats se sont encore multipliés dans tout le pays. Et en janvier 2009, la barbarie a redoublé de violence. Les islamistes ont mis le feu à près de deux cents écoles de filles, et massacré des dizaines de personnes.

Leur offensive a été si forte que le gouvernement a été obligé d'accepter un arrêt des hostilités, avec attribution d'une sorte d'autonomie de la région passée aux mains des islamistes qui y ont instauré aussitôt la charia, la loi islamique. Mais bientôt, sous la pression internationale, le gouvernement pakistanais a relancé une contre-offensive militaire en avril 2009, pour reprendre la région, ce qui est loin d'être fait solidement, et sécurisé. Et on assiste bien sûr à l'exode de centaines de milliers de civils qui fuient la région, qui tentent d'échapper à ces fous de Dieu, violeurs de femmes et brûleurs d'écoles, les tyrans religieux.

Face à eux, une armée mal équipée pour une guerre subversive, gangrenée par la corruption et par les services secrets qui jouent double jeu, entre le gouvernement et les taliban. Une armée qui ne voit qu'un seul ennemi, le pays voisin : l'Inde.

Parfois l'armée pakistanaise essuie de graves échecs avec des pertes importantes dans ses rangs, trop souvent d'ailleurs. Parfois aussi elle parvient à réaliser des percées dans les rangs de ses adversaires et à remporter quelques succès. Par exemple, avec l'aide des forces de l'Alliance, en août 2009 le dirigeant suprême taliban, Baitullah Meshud a été tué dans son repaire, par l'attaque d'un drone américain. Mais il a très vite été remplacé par un de ses cousins. Autre exemple aussi, début septembre 2009, quarante-trois islamistes ont été tués par les forces de sécurité le long de la frontière afghane, et cent cinq militants se sont rendus à l'armée. L'armée régulière a lancé une grande offensive pour la reconquête de la vallée de la Swat, puis elle a poursuivi son action vers l'ouest. Des centaines de morts, la plupart chez les civils et en particulier chez les femmes et les enfants. Mais ces batailles gagnées ne signifient pas que la grande victoire contre le terrorisme a été remportée : on en est loin, très loin.

Ne l'oublions jamais : depuis 1998, le Pakistan détient l'arme nucléaire, et a refusé de signer le traité de non-prolifération des armes nucléaires. On sait aujourd'hui de façon certaine que des Pakistanais de haut niveau ont vendu du nucléaire à l'Iran, à la Corée du Nord et même à la Libye : principalement le père de la bombe pakistanaise, Abdul Kader Khan. Ce dernier avait été placé en résidence surveillée, courant 2004, après avoir avoué son commerce avec l'étranger. Malgré ça, il est considéré par les Pakistanais comme un héros national puisque c'est lui qui a permis d'élever le pays au rang des puissances nucléaires, la seule à ce jour parmi tous les pays musulmans. C'est dire à quel point l'enjeu est important.

Son réseau ne pouvait pas agir sans des complicités à tous les niveaux, et surtout dans l'armée comme au gouvernement. Les Américains ont réclamé le droit de l'interroger, mais les Pakistanais s'y sont toujours refusés.

Qu'arriverait-il si ceux qui n'hésitent pas à faire sauter des kamikazes parvenaient à l'enlever et à le faire travailler pour leur compte ? Qu'arriverait-il si les rebelles islamistes parvenaient à se doter de matière nucléaire, d'uranium enrichi ou de plutonium ? Qu'arriverait-il si un jour ces fous de Dieu accédaient au pouvoir, ou aux commandes de la bombe ?

Lettre de J.-P. B., ancien député,
mon secrétaire en 1978,
2009

Mon Général,

Je voulais vous dire que je pense beaucoup à vous, et que mon admiration envers le soldat, l'homme et mon président de la Commission de la Défense de 1978, demeure intacte.

J'espère que votre santé se maintient, bien que pour le service de la France, vous ayez beaucoup « tiré sur la corde ».

Notre cher pays va encore le sentir passer avec la crise économique qui va débouler, malgré Nicolas, nous ne sommes « ni souples, ni manœuvriers ».

Je vous redis toute ma bien fidèle amitié.

J.-P. B
Ancien député
Secrétaire du général Bigeard en 1978

CHAPITRE X

Irak, sans vainqueur

En Irak on sait que depuis peu, en 2009, les Américains ont passé la main aux troupes et à la police irakiennes pour le maintien de l'ordre, ainsi que pour la chasse aux terroristes. Je pourrais écrire des pages entières sur cette guerre, sur la façon dont elle a été menée et continue de l'être, car malgré les efforts de la communauté internationale, elle est loin d'être terminée. Mais je ne ferai qu'un état des lieux le plus récent, en le simplifiant au maximum pour que chacun puisse comprendre la situation, tout en souhaitant bien sûr qu'elle s'améliore au plus vite.

Qui a pu croire qu'avec la mort de Saddam Hussein en 2003, l'Irak retrouverait la paix?

Plus de cinq années ont passé et la violence y est toujours présente. Les différents groupes, chiites, sunnites, kurdes, et les islamistes infiltrés depuis, ne cessent de semer la terreur dans un pays qui voit cette violence s'amplifier depuis que les Américains essaient de passer la main. Le pays est déchiré, les terroristes surgissent ici ou là, sans que personne ne puisse prévoir où ils se trouvent. Et les morts continuent de s'ajouter aux morts avec plus d'un demi-million de victimes après l'intervention américaine et l'arrestation de Saddam Hussein.

Depuis longtemps les islamistes ont pris la rue et leurs voitures piégées sèment la terreur. Mais les règlements de comptes, les vengeances, les assassinats de civils, et les très nombreux enlèvements qui rapportent de l'argent, se multiplient. On a pu croire que la situation s'améliorait il y a quelques mois, mais avec la passation du pouvoir militaire aux Irakiens, toutes les factions profitent du vide. De vrais escadrons de la mort. Des groupes armés surgissent de toutes parts sans que les civils puissent comprendre de quelle tendance ils sont. Le pouvoir politique qui veut officiellement reconstituer le grand Irak n'y parvient pas.

En fait le pays est éclaté en trois grandes zones : le sud chiite, très largement majoritaire puisque les chiites représentent 60 % de la population. Le centre-ouest est majoritairement sunnite et représente à peu près 20 % de la population, Saddam Hussein en était issu. Et le nord peuplé majoritairement de Kurdes, eux aussi 20 % de la population, qui voudraient élargir leur zone d'influence jusqu'à Mossoul, la deuxième ville du pays. Cette région était anciennement à dominante chrétienne, mais aujourd'hui s'y entretuent Kurdes et Arabes sunnites, sans épargner pour autant les chrétiens.

Dans les grandes villes où se retrouvent les trois communautés, les exactions, persécutions et assassinats se multiplient, et sont en recrudescence depuis que les Américains ont pris des distances. Les bombes explosent, déchiquetant aveuglément les civils qui sont les principales victimes. La guerre civile se poursuit parce que les hommes forts d'hier sont les faibles d'aujourd'hui. Les sunnites étaient protégés par l'appartenance de Saddam à leur communauté. Mais comme ils étaient minoritaires, ils ne pouvaient se maintenir au pouvoir que par la dictature et par la force. Et de cette force, ils en abusaient contre l'autre minorité kurde, en la persécutant et en la massacrant.

Pareil contre l'immense majorité chiite qu'ils maltraitaient tout autant. Ces deux groupes sont aujourd'hui la cible des sunnites qui ne veulent pas accepter la perte de leur ancien pouvoir, de leur ancienne supériorité. Alors comment réussir à cohabiter en oubliant les horreurs du passé ? Comment vivre dans ce mélange des communautés, sans vengeances et règlements de comptes ? Difficile.

Les sunnites tentent de se préserver des territoires à eux, comme le veulent aussi les Kurdes et les chiites. D'où ces attentats et ces attaques meurtrières qui ne cessent pas. Cela entraîne des exodes de telle ou telle communauté qui cherche à vivre en évitant les mélanges avec les autres groupes. La police évite d'intervenir dans des situations qui dégénèrent parfois en tueries.

Les Américains ne se sont pas complètement retirés, mais ils n'interviennent plus de façon visible, laissant aux Irakiens le soin de rétablir l'ordre, en restant néanmoins dans les QG, en cas d'absolu besoin, et pour conseiller les troupes ou les brigades de police en formation.

Néanmoins, les terroristes sont partout. L'Irak est dévasté, déchiré, fracassé, sans sécurité ni véritable ordre public. La vie s'écoule entre le danger quotidien, les déplacements de populations, les prises d'otages et la débrouille, avec souvent la mort à la clef.

Pour dire à quel point ces situations dépassent les codes que nous connaissons en Occident quand nous sommes assis devant nos écrans de télévision, à regarder le journal de 20 heures, je voudrais signaler un nouveau phénomène qui prépare des lendemains violents. Les autorités irakiennes ont remarqué de plus en plus de kidnappings d'enfants. Et contrairement aux autres enlèvements, aucune rançon n'est demandée. Les enfants disparaissent purement et simplement.

Ces rapts étant devenus de plus en plus nombreux, les polices irakiennes et américaines ont enquêté et ce qu'elles ont découvert fait froid dans le dos.

Ces enfants sans attache sont emmenés dans des camps d'entraînement, où après un lavage de cerveau et une manipulation psychologique ils sont embrigadés dans des groupes de kamikazes. Comme ceux dont j'ai déjà parlé, on leur enseigne le maniement des armes, on leur apprend également à kidnapper d'autres enfants et même des adultes, et on leur promet le paradis le jour où ils se feront exploser sur ordre de leur chef. Les gosses sont entraînés dans des groupes d'assaut pour attaquer les maisons ou des positions défendues par des militaires, en criant le nom d'Allah et en disant qu'il est le plus grand.

Aujourd'hui quand un soldat irakien ou américain voit un adulte portant une ceinture d'explosifs, il peut faire feu avec ou sans sommation suivant l'urgence et le danger. Mais que faire devant un enfant de huit ans ou de dix ans qui vient en toute innocence et en croyant vraiment au bourrage de crâne qu'on lui a fait, que c'est pour servir Dieu qu'il doit se faire exploser ?

On les appelle les enfants-bombes et on ignore aujourd'hui le nombre de ces innocents, inconscients, manipulés par les djihadistes. Ils pourront être envoyés se faire tuer, déchiquetés contre n'importe quelle cible.

Ce pays si riche, regorgeant de pétrole et d'autres matières premières, le grand Irak de naguère n'existe plus. L'électricité est sans cesse perturbée ce qui atteint directement la production industrielle. Les équipes de réparations sont prises pour cibles par les extrémistes de tout bord. Les pylônes sont détruits et sont difficilement remplaçables à cause des attaques sur les ouvriers. Les étrangers sont kidnappés et ne doivent leur liberté qu'à la rançon versée en échange : eux aussi préfèrent quitter le pays. La corruption s'est généralisée et les bakchichs sont obligatoires pour obtenir la moindre autorisation, même de l'administration.

Les investisseurs étrangers ne veulent prendre aucun risque et dirigent leurs rares entreprises depuis la Jordanie voisine. Mais il est très difficile, voire impossible, d'ouvrir de nouveaux chantiers sur le sol irakien. Reste le Kurdistan irakien où la situation est plus favorable aux investissements car la sécurité y est meilleure.

Les Américains lèvent le pied. Les derniers bastions, les derniers régiments se retirent du centre des villes et déménagent dans leurs bases, pour ne plus intervenir dans les opérations de maintien de l'ordre. Plus de patrouilles américaines au cœur des cités, dans les marchés et dans les artères commerçantes. Ils ont passé le flambeau de la sécurité aux Irakiens qui s'en félicitent mais ne parviennent pas à maintenir la paix civile. Ils parlent d'ailleurs de faire de nouveau appel aux Américains pour des opérations de contre-guérilla, avec bombardiers et hélicoptères, pour mater les rébellions. Mais les cinquante mille soldats américains devront avoir quitté le territoire en août 2010, selon les déclarations du président Barak Obama.

Dans l'ombre, et souvent dans la lumière, les djihadistes continuent de lancer leurs attaques terroristes. Ils cherchent à tuer le maximum de civils chiites pour que ces derniers regroupent leurs milices et attaquent à leur tour les sunnites dans des attentats fréquents et meurtriers.

Sept cent mille soldats irakiens ont été formés par les Américains. Seront-ils en mesure de prendre le relais et de rendre la sécurité totale à ce pays déchiré par les haines et les désirs de vengeance ?

Comment l'Irak pourra-t-il sortir de l'agonie vers laquelle il s'enfonce ? Serai-je encore de ce monde pour voir ce peuple vivre en paix ?

Lettre du général David H. Petraeus,
patron de l'US Central Command,
adressée au colonel M. S., un de ses amis français

HQ US CENTCOM
15 mai 2009

Cher Michel,

Merci pour votre lettre du 7 mai, l'anniversaire de Diên Biên Phu. Je sais la signification de ce jour pour le général [Bigeard] et je serais heureux que vous lui disiez que j'ai pensé à lui et à son héroïque action à Diên Biên Phu, à cette occasion.

Nous nous préparons pour ce qui sera une saison de durs combats en Afghanistan, nos soldats et les vôtres y sont prêts, la bataille testera l'ennemi, nous chercherons à engager le combat tout en garantissant la sécurité et les services à la population.

S'il vous plaît, assurez le général [Bigeard] que sa photo me renvoie chaque jour le reflet de son extraordinaire charisme de leader, qu'il eut et qui perdure.

Avec bonne confiance,

David H. Petraeus

Chapitre XI

L'Iran et la bombe

Le principal problème que le monde rencontre avec l'Iran est bien sûr son équipement militaire nucléaire. Je dis bien « le monde » car les retombées de radioactivité ne connaissent pas de frontières, et ce sont surtout les États de la région qui redoutent cette montée en puissance des ayatollahs. Les émeutes qui ont eu lieu au moment des élections présidentielles sont à placer au moins au niveau de la menace que fait planer cette partie de bras de fer entre l'Iran et l'Occident.

En 2003, l'Agence internationale de l'energie atomique, l'AIEA, a envoyé ses inspecteurs pour procéder à des enquêtes sur le terrain. Bien sûr les Iraniens ont tout fait pour leur mettre des bâtons dans les roues. Et après les erreurs et les mensonges des prétendues armes de destruction massives que détenait l'Irak sous l'ère de George Bush, l'AIEA est extrêmement prudente.

À peine élu, le président Obama a bien essayé de tendre la main aux Iraniens, mais rien n'y a fait. L'Iran autorise des inspections de ses sites, seulement ceux du nucléaire civil, et fait la sourde oreille sur l'aspect militaire. Les grandes puissances ont beau prendre des sanctions, pour l'instant rien n'y fait. On a le sentiment que l'Iran cherche à gagner du temps.

Les Émirats arabes unis ont saisi en août 2009 un navire qui transportait clandestinement des armes nord-coréennes destinées à l'Iran, en violation avec l'embargo de l'ONU. Et de tous les côtés cet embargo « prend l'eau » ! Il n'est pas assez ferme et contraignant. Il faut durcir nos positions et ne rien céder.

Là encore je suis en plein accord avec le président Sarkozy, qui devant l'échec de la main tendue de Barak Obama, a décidé de soutenir un train de « sanctions économiques sévères ». L'AIEA a la preuve que l'Iran continue de développer sa capacité à fabriquer de la matière pour l'arme atomique.

Jusqu'où peut aller l'Iran ? Peut-être parvenir à se doter de l'arme nucléaire même si c'est pour ne jamais s'en servir ? Cela renforcerait grandement sa position dans la région puisque le pays est entouré de peu d'amis. Si les ayatollahs y parviennent, ils mettront alors le monde devant un fait accompli et face à un dilemme.

Mais on imagine mal que l'Iran tente le moindre geste nucléaire contre Israël par exemple, car le pays des ayatollahs serait vitrifié à l'instant même où il aurait envoyé la moindre ogive vers Tel-Aviv ou Jérusalem. Je ne peux pas imaginer que même les ayatollahs les plus extrémistes prennent ce risque. Cela engendrerait un conflit bien plus vaste qu'une guerre limitée aux deux pays, déstabiliserait au moins tout le Moyen-Orient, et même au-delà car on sait ce que le jeu des alliances peut entraîner.

Les Iraniens ont passé des accords en armement avec la Corée du Nord et ont pu développer des missiles de type Scud. Ils ont passé également d'autres marchés avec la Russie qui leur aurait vendu des missiles antiaériens de haute altitude. C'est une arme hyperperfectionnée, qui peut viser vingt-quatre cibles à la fois et tirer quatre missiles en même temps. Si ces informations s'avéraient exactes, cela signifierait que l'Iran dispose d'un bouclier de protection impressionnant et surtout difficilement pénétrable, ce qui affaiblirait d'autant plus une quelconque agression.

Mais en face, on sait bien qu'Israël a une formidable armée. Elle a déjà montré par le passé qu'elle ne reculait pas devant les difficultés, et les attaques en territoire étranger.

Le 6 septembre 2007, l'aviation israélienne a réalisé une frappe aérienne près de Deir ez Zohr, dans le nord de la Syrie. Le raid était terminé avant que personne ait pu intervenir ou protester. Cette action fulgurante était à la fois un avertissement à la Syrie, mais aussi à l'Iran que le monde entier surveille, et surtout Israël puisque le président Ahmadinejad menace régulièrement de rejeter ce pays à la mer. L'attaque était aussi une sorte de répétition générale.

En remontant un peu plus loin dans l'histoire, on se souvient du bombardement à deux reprises, en 1980 et 1981, du réacteur nucléaire de Tamouz, en Irak, par l'aviation israélienne. Aujourd'hui Israël ne se lancerait pas dans de tels raids sans l'accord préalable des États-Unis, son allié. Et dans le cas d'un conflit entre Israël et l'Iran, il est probable que l'Arabie Saoudite entrerait aussi dans l'action aux côtés d'Israël. Leurs intérêts sont communs et l'Iran est de longue date dans le collimateur des Saoudiens.

Pourtant, quel pays extraordinaire que l'Iran ! Quel passé, quelle culture ! Même si on ne suit pas l'actualité politique et militaire, chacun sait que l'Iran est ce qu'on appelait la Perse, une des plus anciennes civilisations du monde, un pays dont l'empire s'étendait à une époque lointaine de l'Inde à l'Égypte. La Perse de Cyrus, de Darius, celle du shah Reza Pahlavi qui a donné une prospérité fulgurante au pays, mais qui a été renversé en 1979 par les ayatollahs, menés par Khomeiny devenu le guide spirituel de la Révolution islamique. Condamné à mort en Iran, le shah l'avait gracié. L'ayatollah était parti se réfugier dans un premier temps en Turquie, puis en Irak et enfin chez nous, où il est arrivé en 1978 et s'est installé à Neauphle-le-Château avec un simple tapis de prière. Comme quoi les idées sont parfois plus fortes que les armes, à condition de s'obstiner dans ses objectifs.

Un de mes proches amis me racontait récemment que la seule marque de reconnaissance dont la France a pu bénéficier ouvertement est une peinture gigantesque qui figure sur un immeuble de Téhéran, non loin de l'ambassade de France. Toute une façade présente l'ayatollah Khomeiny dans une rue de Neauphle-le-Château. Une petite deux chevaux Citroën est garée le long d'un trottoir et un bon

Français, portant un béret sur la tête et une baguette de pain à la main, remonte la rue. C'est peut-être anecdotique mais cela résume les limites de la reconnaissance du pays envers les anciens hôtes de leur Guide suprême.

Depuis la France, il a fomenté sa révolution à coups de discours enflammés, en envoyant des milliers de cassettes audio sur lesquelles il enregistrait ses messages appelant le peuple iranien à se soulever. Il voulait réveiller le peuple iranien de « l'oppression », disait-il, qu'imposait le shah. Il s'élevait contre la laïcité à la turque, celle qu'avait lancée Atatürk. Il prétendait que le régime impérial voulait corrompre la jeunesse avec l'alcool et les casinos. Et le régime du shah s'est écroulé en l'espace de deux semaines.

En fait Khomeiny n'a jamais prôné la démocratie, mais bien au contraire le pouvoir absolu du religieux, comme on l'a vu, un pouvoir aussi ferme, aussi féroce et cruel que celui du shah. L'ayatollah a imposé la charia, et les droits de l'homme déjà mal en point régressent terriblement. Mais le peuple l'attendait, il représentait l'espoir, et aux yeux de la plupart des Iraniens, il ne pouvait pas être pire que le shah.

Mais voilà, à peine au pouvoir le guide a voulu propager la religion islamique chiite et surtout la révolution islamique au-delà des frontières de l'Iran. Face à lui, Saddam Hussein veillait et rêvait de s'emparer du pétrole iranien. La guerre a alors éclaté, et Khomeiny n'a reculé devant rien. Il a même envoyé au front des jeunes gamins à peine adolescents. Entre ces deux pays, pas de gagnant. Le seul réel perdant a été le peuple iranien qui a compté ses morts par dizaine de milliers.

Aujourd'hui, l'Iran est tout de même le quatrième producteur de pétrole au monde, et le deuxième exportateur. C'est aussi la deuxième plus grande réserve de gaz naturel, juste derrière la Russie. Aussi, avant de déclencher une guerre contre l'Iran, le monde réfléchira longuement.

En dehors des difficultés qui interviendraient autour du pétrole, de la subite montée des cours, du déséquilibre économique que cela risquerait de créer, il y a aussi la politique occidentale au Moyen-Orient, celle d'Obama et celle de l'Union européenne.

Mais bien plus grave que tout cela, même un bombardement isolé des sites nucléaires existants provoquerait une catastrophe écologique sur toute la région. Il y aurait de très nombreuses victimes qui se compteraient par centaines de milliers, atteintes par la radioactivité, en Iran mais aussi dans les pays limitrophes, et jusque dans les Émirats et en Arabie Saoudite.

Tout cela, les grandes puissances le savent, et surtout l'Iran le sait. Ce qui lui permet de jouer sur du velours. Mais pour combien de temps ?

L'Iran a un autre problème à gérer, et celui-là prend toute sa place dans le pays : c'est sa jeunesse. Oui, ces jeunes ont l'esprit de révolte, et pas seulement en raison des dernières élections présidentielles qui ne se sont pas déroulées dans la sérénité et la légalité, comme on l'a vu. Les jeunes ont accès à Internet. Les foyers sont équipés d'antennes paraboliques et la population peut suivre les programmes des chaînes de télévision occidentales. Ce qui donne souvent l'envie de rejoindre l'Occident, et surtout les États-Unis.

Les universités sont fréquentées en grande majorité par les jeunes filles, qui sont de plus en plus modernes. Elles laissent négligemment glisser leur voile vers l'arrière de la tête, quand il ne tombe pas sur la nuque. Elles portent le pantalon, le plus souvent le jeans américain, avec une courte tunique qui descend au-dessus du genou.

Les vieux ayatollahs ont chez eux une grande menace dont ils devraient se préoccuper d'urgence : il y va de leur destin. Et s'ils n'y prennent pas garde, la soif de liberté de la jeunesse sera la première bombe de forte puissance qui risque d'exploser à leur nez et à leur barbe.

Lettre de L. de La Ferté-Bernard,
juin 2009

Mes respects mon Général,

Je me permets de vous écrire cette lettre suite à une conversation que j'ai eue avec un ami, ancien légionnaire para de Salon-de-Provence. Il m'a donné votre adresse afin que je puisse vous envoyer un petit mot.

Je me présente, je m'appelle L. J'ai 31 ans, je vis dans la Sarthe mais je suis breton à la base. Je travaille dans un petit magasin d'alimentation.

Avant d'aller plus loin, mon Général, permettez-moi de vous dire toute l'admiration que je vous porte : votre carrière, vos actions... Je devais avoir sept ou huit ans quand j'ai entendu parler de vous pour la première fois, je ne sais plus exactement à quelle occasion. J'ai demandé à mon père qui vous étiez, il m'a répondu que vous étiez un grand général français et une légende parmi l'armée française. Aussi je me suis documenté sur vous pour en savoir plus sur votre carrière.

Je me suis interrogé avant de vous écrire cette lettre, en me demandant ce que je pourrais bien vous dire, vous qui êtes pour moi un modèle, une légende.

J'ai moi-même modestement servi dans l'armée française, avec quelques opérations en ex-Yougoslavie. Mais comment comparer ma contribution à celle d'hommes comme vous, mon Général, qui vous êtes battu de 1939 à 1962, qui avez traversé trois guerres, perdu des amis, des frères...

Un de mes amis sert encore dans l'armée, il est actuellement en Afghanistan, dans une de ses lettres il me confiait récemment : « C'est un Bigeard ou un Jeanpierre qu'il nous faudrait ici ! »

Mon Général, vous témoigner mon respect n'est, selon moi, pas suffisant. Je dois également vous dire merci car c'est grâce à des hommes comme vous que je suis fier d'être français. Je dois également vous remercier pour tout ce que vous avez fait pour notre pays, de la Libération à la fin de la guerre d'Algérie, vous remercier et honorer vos camarades de combat qui tombèrent pour notre belle patrie.

Qui plus est lors des diverses épreuves que la vie m'a infligées, je me suis toujours gardé une petite phrase dans la tête en pensant aux plus dures heures de vos combats : « Si ces hommes y sont arrivés, alors je peux le faire aussi. »

Tout cela, mon Général, je n'aurais jamais pensé avoir un jour la chance de vous le dire. C'est maintenant chose faite.

Je suis actuellement créateur et responsable d'un forum en ligne sur Internet consacré à la guerre d'Algérie qui est encore une plaie béante pour beaucoup de gens. Ce forum a surtout pour but de ne pas oublier tous les soldats français et musulmans morts pour la France, également à rediriger certaines idées reçues mensongères pour les plus jeunes sur ce que fut vraiment la guerre d'Algérie.

J'ai la chance d'être lié d'amitié avec quelques vétérans de la guerre d'Algérie et d'Indochine. Leur témoignage est un bien précieux pour l'histoire et la mémoire de notre pays.

Je vous prierais de bien vouloir m'excuser de ne pas avoir écrit cette lettre à la main mais au clavier, en effet, mon écriture n'est pas des plus lisible.

Je vous prie d'accepter, mon Général, une fois de plus mon admiration et mon plus profond respect.

Je vous prie d'accepter, mon Général, l'expression de mes plus chaleureuses salutations.

Votre dévoué,

L.

CHAPITRE XII

Israël/Palestine, le nœud du problème

Je ne serais pas complet sur les grandes questions qui préoccupent l'avenir si je n'abordais pas la situation en Israël, et en Palestine.

Israël n'a pas pour seul ennemi les Palestiniens, qui à mon sens ont droit aussi à un État. L'histoire de la création d'Israël est un cas unique. Mais la Société des Nations, qui allait devenir par la suite les Nations unies, a voté en 1948 la création de l'État d'Israël, et cette décision a entraîné depuis le bouleversement de la région, avec tous les conflits qui se sont ensuivis et leurs conséquences dans le reste du monde.

Les différentes guerres entre voisins des pays limitrophes se sont apaisées par la force des choses, et disons-le clairement, par la victoire des Israéliens sur les pays qui ont voulu, à une époque lointaine maintenant, « les jeter à la mer ». Après ces guerres, aujourd'hui Israël vit en bonne intelligence avec la Jordanie et l'Égypte, pays avec lesquels elle fait même du commerce. Ce qui prouve encore une fois qu'on peut avoir été en guerre et faire la paix. Le commerce est d'ailleurs un excellent moyen pour calmer les esprits.

Mais la plus grande menace qui couve sur tous les États de la région, en plus du terrorisme islamiste, c'est la question de l'eau. Ailleurs c'est le pétrole, ici c'est l'eau, et on en parle très peu. L'eau, et donc la terre sur laquelle elle coule, et par conséquent les territoires et leurs délimitations.

Cela peut surprendre peut-être, pourtant c'est la triste vérité. On se battait déjà aux temps anciens pour un puits dans le désert. En Afrique, combien de guerres entre tribus ont pour origine un simple puits ? Ça se comprend : l'eau c'est la vie. Et quand on n'en a pas chez soi, mais qu'il y en a chez le voisin, la tentation est grande de l'attaquer pour prendre possession de son eau. Mourir de soif, ou être tué par ceux qu'on va agresser ? Dans la seconde hypothèse, on a au moins une chance de survivre.

Ceux qui liront ce livre dans dix ans comprendront sûrement combien j'avais raison. Au Moyen-Orient, la crise de l'eau va devenir l'enjeu des années à venir. Et si aucune solution n'est trouvée, ces pays vont à la catastrophe. Les changements climatiques que nous vivons, à cause des hommes eux-mêmes, risquent de devenir la source d'autres conflits autour de l'eau, ailleurs dans le monde.

Au Moyen-Orient, dans ces régions, il pleut de moins en moins, et particulièrement dans les zones désertiques. Si on doit restreindre la consommation de l'eau, c'est aussi l'arrosage qu'il faudra réduire. Qui dit moins d'arrosage, dit moins d'agriculture or, là-bas plus qu'ailleurs, le sol a un grand besoin d'eau à cause du relief désertique, et ainsi de suite, tout s'enchaîne.

Quant à Gaza, où les islamistes règnent en maîtres, comment alimenter la population en eau douce avec la seule eau disponible qui est une eau polluée par les rejets de la mer ?

Quand les hommes prendront-ils conscience que la terre a ses limites, et que les questions de survie, par l'eau et l'alimentation, sont aussi importantes que les questions de territoires ? Et je parle en homme d'expérience, que les conflits ont aguerri.

Depuis sa création en 1948 Israël n'a pas cessé de compter les agressions dont le pays a été victime. Même au moment de sa création, et malgré la décision de la Société des Nations, les pays arabes ont déclenché une guerre contre l'État juif. Israël a gagné cette courte guerre et a même étendu son territoire avec la conquête de plus d'un quart de territoire supplémentaire.

Mais cette guerre a chassé plus de huit cent mille Arabes de leur terre.

Autre guerre lancée par l'Égyptien Nasser en 1956. Puis ça a été la guerre des Six Jours en 1967 qui a permis à Israël d'étendre encore plus son territoire sur le Golan syrien, la Cisjordanie, Jérusalem-Est, la bande de Gaza et la péninsule du Sinaï. Dans cette très courte guerre, les aviations égyptiennes, jordaniennes, et syriennes ont été détruites en un seul jour.

En 1973, nouveau conflit appelé guerre du Kippour, qui a duré deux semaines, puis la guerre du Liban en 1982.

Et les conflits se sont succédé encore jusqu'en 2006 avec le nouvel épisode du Liban, ou en 2009 avec le mois de janvier meurtrier sur Gaza.

Les Israéliens ont l'habitude de ne rien lâcher dans les négociations internationales, et sur le terrain ils étendent sans arrêt leurs colonies dans les Territoires Palestiniens. À ce rythme, c'est certain, la paix est encore loin. Car l'attitude du gouvernement encourage les actes de petits groupes.

La violence des colons israéliens inquiète même le gouvernement : ces colons s'attaquent parfois directement à des villages palestiniens, situation qui préoccupe l'armée et la police israéliennes. Pire, ces mêmes colons s'en prennent aussi à leurs propres forces de sécurité qui voudraient les empêcher de passer à des agressions violentes. Ces colons harcèlent véritablement les populations arabes, les empêchent d'aller cultiver leurs champs, les insultent ou leur tirent dessus parfois. Ils vont jusqu'à incendier leurs cultures.

Face à ses exactions, les forces israéliennes réagissent mollement, et les agressions se multiplient. Bien sûr les Palestiniens agressés ne restent pas les bras croisés et cela donne de véritables affrontements entre civils qui obligent même parfois les autorités à instaurer un couvre-feu.

Ces situations sont les moins graves. Le principal problème que rencontre Israël est avec le Hamas palestinien qui n'a de cesse de gagner en puissance depuis sa création, il y a plus de vingt ans. Et l'attaque très violente d'Israël contre Gaza début 2009, répondait à un harcèlement continuel du Hamas qui lançait ses rockets contre les villages israéliens. Israël a voulu donner une leçon au Hamas de Gaza, en limitant le risque pour ses soldats.

Le Hamas règne en maître sur ce territoire puisqu'il s'est opposé au Fatah plus souple, en une guerre entre frères Palestiniens. Et la bande de Gaza reste un espace où la situation économique et humanitaire est catastrophique.

Le gouvernement israélien refuse officiellement et dans les faits l'idée de deux États, pour deux peuples vivant côte à côte. Il prétend attendre que les Palestiniens s'entendent entre eux et se réconcilient entre le Hamas et le Fatah. Là encore, à ce rythme la paix est encore loin. Entre-temps les violences reprennent, les réponses à ces violences sont d'autres violences, et ainsi de suite, comme si il n'y avait aucun espoir de fin à cet enchaînement infernal.

Mais alors, sur ce point, pourquoi ne pas utiliser la force d'interposition de l'OTAN qui déploierait ses troupes en Cisjordanie, dans le cadre d'une force de paix ?

Il faut reconnaître que l'État d'Israël est toujours en danger d'être attaqué, entouré d'ennemis. Au sud, le Hamas de Gaza, au nord le Hezbollah libanais, et plus loin mais très proche quand même par les airs, l'Iran. Les Israéliens sont persuadés, et je le suis aussi, qu'un nouvel affrontement avec le Hezbollah libanais est inévitable. Surtout que ce Hezbollah est aidé et armé par l'Iran ! Donc l'hypothèse d'une attaque concertée entre ces trois adversaires n'est pas à exclure.

Depuis le début de l'ère Khomeiny, l'Iran est devenu un danger bien réel. Il ne faut pas prendre à la légère les déclarations du président iranien Ahmadinejad qui répète régulièrement, comme on le sait, qu'il faut rayer Israël de la carte. Il traduit un sentiment que de nombreux extrémistes du Moyen-Orient voudraient voir se réaliser, et qui risque de mettre le feu aux poudres.

Mais attaquer Israël avec un armement nucléaire reviendrait à éclabousser de retombées radioactives les pays voisins comme la Jordanie et l'Égypte, qui ont tout intérêt à ce que cette catastrophe n'arrive jamais. Ces deux pays seraient eux aussi gravement atteints par les attaques nucléaires sur Israël qui est un petit territoire. D'ailleurs les deux chefs d'État Moubarak et le roi Abdallah ont rencontré le Premier ministre israélien, et forcément sur ce point, ils sont tous d'accord, l'Iran représente le même danger pour les trois pays. Dans ce cas tout le monde s'entend !

Pour toutes ces raisons, je n'exclus pas la possibilité de voir Israël passer à l'attaque en premier, et aller bombarder les sites nucléaires iraniens pour se protéger de toute attaque éventuelle. Et les autres pays arabes de la région n'en diraient rien. Mieux, même, ils s'en féliciteraient en silence.

Lettre de J.-L. S.,
Partenay, septembre 2009

Mon Général,

Je vous écris parce que je suis révolté. On vient encore de nous annoncer la mort de plusieurs de nos gars en Afghanistan. Et je suis bouleversé comme si c'étaient mes fils.

Je sais, on en parle beaucoup, et sûrement beaucoup plus que quand vous et vos camarades de combat étiez prisonniers dans les camps de la mort viêt-minh, en Indochine, et que la France avait honte. Vous étiez les pestiférés de la République et des politiques qui n'osaient pas regarder en face la triste situation dans laquelle ils vous avaient envoyés.

Des milliers de soldats français mouraient là-bas et les journaux français en parlaient à peine, et surtout pas les politiques.

Aujourd'hui je me demande parfois si on n'est pas devant une situation pas très éloignée de celle que vous avez vécue, mais juste à l'inverse. Et quand j'en parle autour de moi, tout le monde me cite le célèbre général Bigeard et me dit de vous écrire pour vous dire ce que nous pensons, pour vous prendre à témoin de nos idées et les transmettre.

Des centaines de Pakistanais, d'Irakiens, d'Afghans, d'Iraniens et autres personnes originaires des pays voisins de ceux-là, des jeunes en pleine santé, abandonnent leur cher pays, leur famille, parfois leur femme et leurs enfants plutôt que de rester chez eux à les défendre. Ils préfèrent venir se réfugier en Europe, et bien sûr en France, dans cet Occident qui les accueille les bras ouverts alors qu'ils vont augmenter le nombre de chômeurs, et qu'ils vont coûter à tous les citoyens européens, pendant que nous, nous envoyons nos fils se battre chez eux pour défendre leurs terres, leurs maisons et leurs familles. Nos fils dont certains se font tuer !

Nous sommes plusieurs à trouver que c'est injuste et nous voulions vous le dire pour que vous puissiez transmettre notre point de vue aux politiques qui viennent vous demander conseil.

Pour nous, vous êtes un sage qui avez le recul de l'expérience, et qui êtes écouté.

Veuillez croire, mon Général, dans tout mon respect et celui de mes amis.

Respectueusement,

J.-L. S.

CHAPITRE XIII

L'Afrique et notre politique africaine

J'ai toujours eu beaucoup de sympathie pour l'Afrique, mais laquelle ? Ce continent est immense et les populations qui vivent à l'est n'ont rien à voir avec celles qui la peuplent à l'ouest. Même différence entre le nord et le sud. C'est comme si en Europe on comparait les Finlandais et les Espagnols. Néanmoins j'aime ce contact toujours chaleureux qui caractérise les Africains.

J'ai servi dans les déserts d'Afrique du Nord, également dans les pays situés au sud du Sahara, au Sénégal, puis encore à l'ouest, en République centrafricaine, mais aussi au sud-est à Madagascar et dans toute cette zone de l'est africain, quand j'étais général, commandant en chef des troupes françaises pour l'océan Indien. De partout la tradition ancestrale est très présente dans la vie quotidienne, la tradition de l'accueil, de l'hospitalité. Quant à la tradition de respect et d'amitié envers la France, elle était très ancrée dans les pays anciennement sous présence française. Je dis « était », car les choses ont bien changé.

Nicolas Sarkozy candidat nous avait promis la rupture, le changement radical avec la politique du passé. Sur ce point il a tenu ses promesses et notamment avec la nouvelle attitude de la France en Afrique. Nous nous sommes souvent engagés auprès des pouvoirs en place avec lesquels nous avions des liens privilégiés, pour ne pas dire des arrangements. Ça nous a valu peu à peu des rancœurs de la part des rebelles d'hier qui devenaient chefs d'État à leur tour après avoir renversé le pouvoir que la France avait soutenu. Et nous avons eu cette attitude encore sous la présidence de Jacques Chirac. Mais il était temps que nous changions de politique africaine.

Il y a sur ce continent plusieurs conflits qui ont surgi ou éclatent régulièrement. Des conflits qui ont des raisons ethniques, territoriales ou politiques. On nous aime un jour, et on nous déteste le lendemain.

Cela a été le cas en Côte-d'Ivoire où nous avons été accusés de tous les maux et où nous tentons tant bien que mal une réconciliation.

Le Rwanda accuse la France d'avoir participé au génocide des Tutsis en 1994.

Aux Comores et à Anjouan que j'ai bien connues, les coups d'État succèdent aux coups d'État, avec juste après l'indépendance le premier putsch organisé en grande partie par le mercenaire Bob Denard. En 1978, il a recommencé et a fomenté un autre coup d'État, puis à nouveau en 1995. Autre tentative plus tard par une bande de Pieds Nickelés, soldats perdus menés par un Français en 2001, mais là ce fut un échec et toute la bande a été tuée. Comment veut-on, après cela, être estimés par les Africains ?

Le Congo où les milices terrorisent les civils et violent femmes et jeunes gamines en toute impunité.

Le Niger où le Nord touareg est en rébellion contre le pouvoir, où des journalistes français ont été arrêtés et retenus par les autorités pour avoir fait un reportage sur les Touaregs, etc.

La République centrafricaine, où j'étais allé en 1995 pour rendre visite à nos troupes qui étaient réparties entre Bouar, un camp retiré dans la brousse, que j'avais fait sortir de terre, et le camp Béal, à Bangui. Le pays est aujourd'hui livré aux pillards dans le nord, et la pauvreté gagne chaque jour du terrain.

La Guinée où une terrible rébellion populaire a été matée dans le sang, en septembre 2009.

Et je pourrais continuer ainsi longuement sans oublier le sida, les épidémies, la soif, la faim, la corruption, les inégalités criantes entre extrêmement riches et extrêmement pauvres… autant de misères qui accablent régulièrement tel ou tel autre pays d'Afrique.

Il y a aussi le Kenya, pays anciennement touristique qui promettait des vacances de rêve, avec safari au milieu des bêtes sauvages, d'où des familles entières rapportaient de beaux souvenirs sur films et sur photos. Aujourd'hui les affrontements entre ethnies ensanglantent les villes et l'intérieur, avec des morts par centaines et des déplacements de plusieurs dizaines de milliers de sans-abri terrorisés.

Ces conflits sont terribles et à déplorer haut et fort, mais il y a un autre danger bien plus grave que j'ai déjà abordé à plusieurs reprises dans ces pages, et que je continuerai de dénoncer jusqu'à mon dernier souffle. C'est le djihadisme qui est en train de contaminer toute la Corne de l'Afrique et même plus. Devant cette menace grandissante, là encore nous ne pouvons pas rester passifs. Et nous sommes obligés d'intervenir dans des conflits. Sauf qu'il y a façon et façon de nous mêler des guerres africaines, même quand il s'agit de combattre le terrorisme islamiste. Et en cela le président Sarkozy innove.

Au Tchad, par exemple. Je me rappelle en 2006, les Mirage français avaient stoppé les rebelles sur l'ordre de Jacques Chirac. Notre armée était donc intervenue directement contre les bandes de révoltés pour freiner leur progression.

Avec Nicolas Sarkozy, depuis qu'il a été élu président de la République, les choses sont différentes. L'armée française s'est contentée de fournir des munitions à l'armée tchadienne et du matériel de logistique ainsi que des renseignements stratégiques. Nos forces n'ont pas directement pris part aux combats. Mais nous avons été confrontés à deux options : soutenir le président tchadien ou prendre des distances avec ce pouvoir qui n'est pas toujours reluisant.

Il était difficile de ne pas nous impliquer dans ce conflit. Nous ne pouvions pas abandonner Idriss Déby face à la rébellion de son neveu, soutenu par le Soudan voisin. Car ce Soudan est le pays le plus extrémiste et le plus violemment islamisé d'Afrique. Pour les mêmes raisons qui nous font intervenir sur les terrains d'Afghanistan par exemple, ou ailleurs dans le golfe, nous ne devons pas ignorer la progression de ce fléau, où qu'il apparaisse dans le monde. Nous n'avons pas le droit de nous en désintéresser, et de laisser les situations pourrir. Autrement nous prendrions le risque que ce pays, ou d'autres, devienne une nouvelle base du terrorisme islamiste, et étende sa pénétration à toute la région.

Nous avons donc déclaré que nos troupes basées à N'Djamena ne s'engageraient pas dans les opérations, mais nous avons néanmoins soutenu le pouvoir en place.

Bien sûr nous n'avons pas toujours eu à nous féliciter du Tchad. Hissène Habré a marqué l'histoire de notre pays. Qui a pu oublier que l'ex-président tchadien avait été l'un des premiers à pratiquer la prise d'otages ? L'enlèvement de Françoise Claustre et sa séquestration pendant des années avaient fait la une de tous les journaux, avec autant d'importance qu'Ingrid Betancourt en Colombie, Christian Chesnot et Georges Malbrunot en Irak, ou encore Florence Aubenas. Depuis, il erre dans son désert et a été condamné à mort par contumace, par la cour criminelle de N'Djamena.

Entre Idriss Déby et la France, les choses ne se sont pas toujours bien passées, non plus. À la fin des années 1990 il avait exigé le départ de N'Djamena du patron français de la DGSE. Puis celui de l'attaché français pour la Défense en poste à notre ambassade. Ensuite ça a été au tour de notre ambassadeur, renvoyé pour avoir fait des déclarations qu'Idriss Déby n'avait pas appréciées. En 2007, son fils aîné, « ce bon à rien » dont il disait ne pas savoir quoi faire, avait été retrouvé tué en France, dans un parking de Courbevoie. Enfin il y a eu l'épisode tragicomique de l'Arche de Zoé où Déby avait crié au trafic d'organes et à la pédophilie. Et que penser de cette justice tchadienne quand on a vu comment ont été traités les membres de l'Arche de Zoé, tous condamnés à la même peine, sans distinguer les vrais responsables de ceux qui les ont suivis bêtement !

Pourtant, quoi qu'on dise du président tchadien Idriss Déby, il est de notre intérêt, je dirais même de notre devoir d'empêcher qu'un pays de plus soit pris par des forces sous influence islamiste.

Nicolas Sarkozy a tenu à se démarquer de notre ancienne politique avec l'Afrique, politique que j'ai bien connue à l'époque. Pour le Tchad, il a eu une attitude habile. Il a d'abord cherché à se couvrir par une décision des Nations unies et à obtenir une carte blanche pour avoir un mandat international, et ne pas intervenir au seul nom de la France. Comme je l'ai toujours dit, les rebelles d'aujourd'hui peuvent être des chefs d'État demain.

Souvenons-nous de Yasser Arafat dans les années 1970, à la tête du groupe terroriste Septembre noir. Il est devenu ensuite le chef de l'autorité palestinienne. Et il en est ainsi de tous les dictateurs arrivés au pouvoir par un coup d'État.

Au Tchad, malgré un vieux traité d'entraide entre les deux pays qui remonte à 1976, Nicolas Sarkozy n'a pas voulu que nous intervenions sans mandat de l'ONU. Et sur ce point je suis en accord avec lui. À chacune de nos interventions sous les couleurs du drapeau français, nous nous mettons à dos des milliers d'Africains de l'opposition. Et si nous avons empêché les rebelles de prendre l'aéroport de N'Djamena, c'était à la fois pour protéger le président tchadien mais aussi pour permettre aux expatriés français, aux touristes et à tout étranger de pouvoir quitter le pays par la voie du désert. Et il faut être honnête, le soutien de notre armée a Idriss Déby, en mettant à sa disposition des éléments tactiques et de renseignement avec nos Mirage et nos Breguet Atlantic, a été déterminant pour sa victoire. Mais nous avons eu de la chance car les rebelles ont dû se replier d'eux-mêmes, n'ayant pas assez de carburant et de munitions.

Dans cette aventure, un point psychologique et politique important a été la conférence de l'Union africaine qui se tenait au même moment à Addis-Abeba, qui réunissait de nombreux chefs d'État africains. Ils ont tous été d'accord pour condamner la tentative de prise de pouvoir par les rebelles, sachant que la junte du Soudan se cachait derrière. Ils craignaient un peu, au cas où les islamistes l'auraient emporté, que le djihadisme fasse tâche d'huile, et s'étende jusque chez eux.

La situation qu'a vécue la France en 2008 au Tchad, nous la vivrons demain dans d'autres pays d'Afrique. Je me souviens des actions que j'ai dû mener contre des rebelles pour protéger des chefs d'État installés de façon plus ou moins démocratique. Notamment à Madagascar, comme nous l'avons vu au début de ce livre.

Le Tchad est un enjeu important pas seulement pour la France, mais pour tout le continent africain, et par extension, pour le reste du monde aussi. Car le Soudan voisin est responsable de la terrible situation du Darfour que l'on peut qualifier de génocide, où les tribus arabes et le pouvoir de la junte veulent remplacer les populations africaines par tous les moyens, même les plus ignobles. Il s'agit d'épuration ethnique, tout simplement ! Et pour que le conflit ne s'étende pas, l'Europe a envoyé sur place la force européenne, l'Eufor, qui a eu une mission très délicate et limitée : être surtout visible et présente, et sécuriser les réfugiés.

La Somalie, quant à elle, est devenue un petit Irak. Les islamistes, il ne faut pas l'oublier, ont contrôlé la majeure partie du pays pendant plus de six mois, déjà en 2006. Ils n'ont été chassés du pouvoir à cette époque que grâce à l'intervention des forces éthiopiennes, car ce pays voisin a tout intérêt à ce que les islamistes ne prennent pas le pouvoir en Somalie.

Mais depuis, les rebelles se sont regroupés dans les nombreuses régions sous leur contrôle et harcèlent régulièrement les forces somaliennes ou éthiopiennes, en adoptant la technique de harcèlement de la guérilla. Les violences sont continuelles et déstabilisent le pouvoir somalien, extrêmement fragile.

Encore en septembre 2009, les affrontements entre les miliciens islamistes et les forces gouvernementales ont fait de nombreux morts. Le principal mouvement rebelle Al Chabaab, est directement lié à Al-Qaida et mène des attaques-suicides à la voiture piégée, même contre les bases des forces de l'Union africaine, dans la capitale somalienne, Mogadiscio.

Ces islamistes prennent tour à tour le contrôle de certaines villes, le perdent puis le reprennent comme la ville de Yeed, le long de la frontière éthiopienne, en septembre 2009.

Ils s'associent dans leurs attaques à des groupes rebelles éthiopiens et pénètrent même en Éthiopie pour aller piller des compagnies minières, en les attaquant avec des armes de guerre, de l'armement lourd.

Dans Mogadiscio, les diverses factions en présence tirent à la mitraillette un peu à l'aveuglette sur les passants, sur quiconque traverse leur ligne de mire, sur tout ce qui bouge. Parfois au lance-roquettes, ou d'autres fois par des chars qui tirent sur des groupes de maisons, sans distinction. Les hôpitaux regorgent de blessés. Les journalistes étrangers sont kidnappés, et quand ils survivent, sont libérés contre rançons. C'est le règne du chaos.

Le gouvernement somalien ne contrôle plus que quatre quartiers de la capitale, et la plus grande partie du pays est aux mains des rebelles islamistes et de leurs alliés.

Si je tiens à expliquer ce qui se passe en Somalie et dans les pays limitrophes c'est pour bien souligner les ramifications d'Al-Qaida dans toute cette zone de l'Afrique où non seulement le terrorisme est bien présent, mais est constitué en une véritable force, comme les taliban en Afghanistan. Leurs conquêtes s'étendent chaque jour davantage. Tandis qu'en France, nous n'en parlons même plus dans les journaux télévisés, préoccupés par nos petites questions quotidiennes bien françaises, l'islamisme gagne du terrain, de partout.

Cela fait dix-huit ans que la Somalie est livrée à la guerre civile et à l'anarchie, faisant des dizaines de milliers de victimes civiles et forçant les populations à se déplacer massivement. Depuis 1991 le pays n'a pas connu de véritable gouvernement. Les groupes terroristes représentent une telle puissance aujourd'hui qu'ils ont des exigences et réclament le retrait des forces de l'Union africaine, ainsi que le départ de la flotte internationale qui a été mise en place pour que cessent les actes de piraterie, au large de la Somalie, dans le golfe d'Aden.

On comprend alors que les côtes somaliennes regorgent de pirates, dont des islamistes, qu'aucun gouvernement somalien ne peut sérieusement contrôler. D'où, là encore, la nécessité de prendre nous-mêmes nos dispositions pour protéger la navigation et tenter de sécuriser une zone si immense qu'on ne voit pas comment cette surveillance peut être réellement efficace, face à de très dangereux criminels, prêts à tout.

Devant la recrudescence des attaques de pirates, il est urgent d'instaurer une véritable police des mers avec des navires de guerre qui auront pour mission de sécuriser la zone, faire des prisonniers, les ramener en France pour les juger et les emprisonner, comme cela a déjà été fait.

Voilà la Corne de l'Afrique qui part à la dérive, dérive pirate, dérive terroriste : je le répète, nous ne pouvons pas rester les bras croisés. Et ce n'est pas parce que je suis un vieux militaire que je recommande d'intervenir à chaque fois que cela est possible. Non je ne suis pas pour faire la guerre, jamais ! Je suis plutôt pour ne pas laisser grossir le danger djihadiste, de ceux qui veulent transformer la planète entière en un vaste califat islamiste : je suis pour faire la guerre à la guerre qui a déjà débuté.

Lettre de J.-B. D.,
Bangui, juillet 2009

Mon Général,

Je suis un des rares Français resté en République centrafricaine où j'ai mes affaires, et aussi en Côte-d'Ivoire.

À chaque voyage en France j'achète un de vos livres, parce que je trouve que vous avez une vue très juste de la situation en Afrique. Mais si vous saviez combien ces deux pays ont régressé depuis que vous y êtes venu il y a un peu plus de dix ans. Dès que l'on sort de Bangui, on est en insécurité. Le Nord est aux mains de bandes de pirates qui chassent les hommes et les animaux, leur gibier, avec des armes de guerre, pour repartir de l'autre côté des frontières en toute impunité.

Ici, quand on parle de vous aux Centrafricains, ils vous réclament, aussi bien ceux qui vous ont connu à Bangui et à Bouar, que les autres pour lesquels vous êtes une légende vivante. Certains pensent qu'avec vous le calme et la sécurité reviendraient. Je sais que c'est impossible, mais parfois, comme eux, je me prends à rêver que ça se réalise.

Vous voyez, mon Général, vous êtes présent dans les rêves des Centrafricains, et je les comprends, car j'ai un immense respect pour vous et une admiration sans bornes.

Je ne vais pas faire de vieux os, mais je tiens bon, avec vous pour exemple, comme un phare qui me retient allumé, vivant.

Je vous salue, mon Général, avec tout mon respect.

J.-B. D.

CHAPITRE XIV

Jusqu'au cœur de nos villes

La situation de la délinquance en France, dans notre France, est devenue inacceptable. La violence touche des sommets jamais atteints. Du nord au sud, l'autorité de la police et de la justice est bafouée chaque jour, chaque nuit.

En Corse, les commissariats, les gendarmeries, et même les tribunaux subissent régulièrement des mitraillages. Les forces de l'ordre n'ont d'autre possibilité que de se jeter à terre, ou de chercher à se protéger pour éviter les balles qui sifflent à leurs oreilles. Le personnel des tribunaux constitue aussi des cibles qui se font tirer comme des lapins. Et quand on cherche à juger les assassins d'un magistrat, les rues d'Ajaccio se remplissent de manifestants qui n'ont pas bougé quand ce juge a été lâchement abattu.

Pour trouver des témoins qui acceptent de dire ce qu'ils ont vu, personne ne répond présent. Personne ne veut contribuer à la recherche de la justice, alors forcément, les responsables continuent de courir, protégés par leur fameuse loi du silence. Les Corses, dans leur immense majorité, sont les premiers à souffrir de cet état de fait, mais ils ne doivent s'en prendre qu'à eux-mêmes si cette situation se perpétue. En Corse ou ailleurs, la loi de la République doit être respectée. Il ne doit pas y avoir de place au non-droit.

Sur le continent, les policiers ont à lutter contre les trafics de drogue, et contre les trafiquants organisés en bandes internationales. Certains ont même tous les culots. À Amiens, des gangsters se sont attaqués carrément aux stocks des douanes, les entrepôts où sont entassés les kilos de drogue saisis. C'est dire qu'ils se sentent sûrs d'eux. Pour se tailler leur territoire et protéger leur marchandise, ou encore pour les règlements de comptes entre bandes rivales, les délinquants se fournissent en armes aussi, et cette escalade de la violence amène les bandes à se doter d'armes de guerre.

Lors d'une perquisition en 2008, la brigade des stupéfiants de Nanterre, dans la banlieue parisienne, a découvert un pistolet-mitrailleur Sten qui datait de la dernière guerre mondiale, en parfait état de marche. Les policiers ont également récupéré au même endroit un revolver 22 long rifle et un pistolet 6.35.

Mais ça n'est rien. Une étape a été franchie en mai 2009, à la Courneuve, en Seine-Saint-Denis : les policiers ont essuyé des rafales de pistolet-mitrailleur. Le pistolet-mitrailleur est une arme de guerre. Pire, au cours de l'attaque, les policiers ont relevé des tirs au fusil-mitrailleur ! Incroyable ! Il s'agissait d'un véritable guet-apens. Et ces traquenards sont devenus de plus en plus courants. Il a fallu envoyer en renfort dans le quartier des camions de CRS, avec fusils à pompe et pistolets-mitrailleurs. On se croirait sur un terrain de guerre.

Aux Mureaux, là aussi piège contre les forces de l'ordre. Une véritable attaque en règle. Quand la police est arrivée sur les lieux d'un incendie de voiture, volontairement allumé pour l'attirer, une quarantaine de jeunes l'a attaquée à l'aide de pierres et de cocktails Molotov, accompagnés de tirs au fusil. Vingt-quatre CRS et policiers ont été touchés, dont dix blessés grièvement. Là aussi, il a fallu envoyer des renforts par centaines d'hommes, et des hélicoptères. Chez nous, en France, en pleine agglomération, en 2009 !

Sans oublier, un an et demi plus tôt, à Villiers-le-Bel, dans le Val-d'Oise : des émeutes avaient éclaté après le décès de deux jeunes circulant à moto et qui avaient eu un accident avec une voiture de police. Chevrotines, fusils de chasse, les coups de feu sont partis vers les forces de l'ordre... Bilan : deux cents policiers atteints ! Deux cents !

De plus en plus d'armes circulent chez les délinquants et ils n'ont même plus peur de faire feu sur des représentants des forces de l'ordre. Les policiers ne peuvent plus procéder à une intervention sans déclencher aussitôt une attaque violente et massive en retour.

Maintenant les bandes ne se battent plus seulement dans les banlieues. En plein cœur de Paris, dans le XIVe arrondissement, en mars 2008, un vaste affrontement s'est produit entre deux bandes rivales, qui a opposé près de quatre-vingts jeunes. Il a fallu que la police boucle tout le quartier pour faire cesser la bagarre. Mais, dix jours plus tôt, la même bagarre avait déjà eu lieu dans le même quartier, cette fois, dans un bus.

Quant aux établissements scolaires, les violences ne cessent de s'y multiplier et de devenir de plus en plus féroces et sauvages. L'année passée, en Seine-Saint-Denis, une véritable expédition punitive a été menée par une bande au lycée Bartholdi. Les voyous sont rentrés dans le lycée, ont attrapé leur victime, l'ont traînée à l'extérieur de l'établissement où ils l'ont tabassée à coups de poing et de pied. Il a fallu l'intervention du gardien et des surveillants, qui, eux aussi, ont reçu des coups, pour faire cesser l'agression.

Les cas où les enseignants sont agressés par des élèves qui les menacent avec une arme augmentent, tel celui de cette enseignante de Toulouse qui a été poignardée par un collégien de treize ans. Cela montre que le mal est plus grave qu'on veut le croire – et qu'on veut bien le dire.

En 2009, le nombre d'agressions d'élèves sur leurs professeurs est en progression dramatique. En Mayenne, un professeur blessé d'un coup de couteau. Non loin de Toul, à Montigny-les-Metz, en janvier, un élève s'est attaqué à une enseignante à coups de ciseaux et l'a blessée à la joue. Le même jour, c'est dans le Val-d'Oise qu'un élève a menacé ses copains avec un pistolet à grenaille. Et dans le Bas-Rhin, le directeur d'un lycée a été blessé par un jeune de seize ans d'un coup de canif. En avril, un collégien a carrément aspergé son enseignante de gaz lacrymogène. À Trappes, un jeune est mort agressé devant son collège. Je pourrais poursuivre en égrenant tous les actes recensés dans l'année

2009, en France, mais la encore, la liste serait trop longue. Combien de fois des enseignants découvrent-ils des élèves armés dans leur classe ! Ce n'est même plus exceptionnel.

Comment faire pour empêcher que les élèves entrent à l'école, au collège ou au lycée, en portant des armes ? On ne peut pas placer un CRS devant chaque établissement. On ne peut pas non plus faire la fouille au corps de chaque jeune. On pourrait envisager de placer des caméras de surveillance, des machines à rayons X qui permettent de voir l'intérieur des sacs et des cartables, des portiques de sécurité qui détecteraient les objets métalliques. Mais là encore, il faudrait des policiers pour protéger les portiques ! Là encore, beaucoup d'esprits bien-pensants, qui n'offrent d'ailleurs aucune solution, s'élèveraient contre de telles mesures. Mais face à cette violence on ne peut pas continuer de ne rien dire, et surtout de ne rien faire.

Traiter de la situation en France sans se préoccuper de celle des pays voisins serait une erreur. En effet, ces pays ont des frontières avec nous qui sont devenues de véritables passoires depuis les accords de Schengen. Je ne suis pas contre l'Europe, je l'ai dit et écrit, au contraire je suis pour, mais il ne faut pas que cette libre circulation permette aux états du tiers-monde de déverser leurs aventuriers sur notre territoire.

C'est vrai qu'il est difficile de ne pas associer l'idée d'immigration avec celle de violence, car entre les deux il y a l'intégration, même si les délinquants ne sont évidemment pas que des personnes issues de l'immigration. Mais souvent leur condition favorise cette délinquance. Si ceux qui arrivent avec leur culture en bagage veulent vivre les mêmes habitudes, les mêmes traditions, les mêmes mœurs que chez eux, il est certain qu'ils ne pourront pas s'adapter à la société française. À partir de cette situation, ils ne trouveront pas de travail et iront grossir les rangs des demandeurs d'emploi, avec pour certains qui sont les proies faciles des chefs de bandes, le recours à la délinquance.

Chez nous, pas de polygamie, un mari ne peut pas épouser plusieurs femmes. Une femme ne peut pas exiger que son gynécologue soit aussi une femme. L'hôpital est le même pour tout le monde. On ne peut pas non plus accepter le port du voile dans les lieux publics et encore moins le port de cagoules dans les manifestations, ou celui de la burqa.

La burqa ! Voilà une nouvelle mode et devrais-je plutôt dire, une nouvelle provocation.

Les femmes jeunes ou moins jeunes, qui veulent absolument montrer leur appartenance à l'islam, et qui prétendent que la burqa ou le voile sont les signes que doivent porter les bonnes musulmanes, selon le Coran, devraient prendre exemple sur ces femmes de présidents des pays arabes et musulmans qui ont accompagné leurs époux lors du défilé du 14 juillet 2008, à Paris : les épouses de l'émir du Qatar, du président syrien Bachar el-Assad, et du chef d'État égyptien Moubarak, par exemple.

Ce qui m'a frappé, c'est qu'aucune d'entre elles ne s'était habillée strictement à l'orientale. Et surtout, aucune ne portait le voile islamique. Or, les mêmes jours, une polémique s'élevait en France sur cette femme musulmane d'origine marocaine qui demandait la nationalité française, mais qui se l'est vu refuser parce qu'elle portait l'abaya, vêtement noir qui recouvre tout le corps et ne laisse apparaître que les yeux. Cette femme aura peut-être regardé le défilé du 14 Juillet, puisqu'elle est si attachée à la France.

Ces grandes dames du monde islamique lui auront certainement donné une leçon de comportement et d'ouverture d'esprit. Cela devrait aussi pousser à réfléchir toutes les autres femmes musulmanes qui vivent en France et qui veulent se distinguer en se voilant le visage pour marquer leur appartenance à l'islam. Les premières dames des pays d'Orient ont apporté la preuve que l'on peut être musulmane et pratiquer sa religion, sans nécessairement se voiler la tête quand on va dans un pays où ce n'est pas la coutume. Et elles l'ont fait avec beaucoup d'élégance, de classe et de distinction, en sachant bien que les chaînes de télévision des pays arabes et musulmans diffuseraient les images.

Ceci étant, je tiens à préciser que je ne suis pas contre la pratique des religions en France. Nous sommes le pays des droits de l'homme et tous les choix religieux doivent être libres, à condition de ne pas pratiquer sa religion de façon provocatrice, et surtout de respecter nos lois, surtout quand on prétend être française.

Ce n'est pas à la République de s'adapter à l'islam, mais à l'islam de s'adapter à la République !

En Italie, la situation de l'immigration semble être devenue insupportable pour le gouvernement, et pour les Italiens. Outre les immigrés clandestins venus d'Afrique, depuis l'ouverture de l'espace Schengen, les Roms descendent en masse de Roumanie et des pays avoisinants. Le gouvernement Berlusconi a pris des mesures qui en choquent plus d'un. Les enfants roms sont fichés, et la police relève leurs empreintes digitales. Il a fallu mettre l'armée à contribution pour patrouiller dans les villes comme dans un pays où aurait été décrété l'état d'urgence.

Je ne peux pas me prononcer sur ces mesures, puisque je ne vis pas en Italie et ne peux pas apprécier jusqu'où cette immigration devient insupportable pour les Italiens, mais tout ça traduit quand même un ras-le-bol évident devant une immigration clandestine que les autorités ne parviennent pas à stopper. Le nombre d'immigrés clandestins arrivés sur les côtes italiennes a doublé en 2008, par rapport à 2007. Plus de quinze mille personnes en sept mois ! Et l'on s'attend à des chiffres bien plus importants en 2009. Si je parle de l'Italie c'est parce que les clandestins qui y pénètrent viennent ensuite tout aussi clandestinement en France et deviennent nos sans-papiers. Or, il faut avoir des papiers pour vivre en France.

La présence d'une trop forte population immigrée déclenche trop souvent des réactions racistes. On l'a vu notamment en Allemagne où des immeubles entiers ont été incendiés parce qu'ils abritent des Turcs confinés tous ensemble. Dans ce pays, on compte aujourd'hui plus de deux millions sept cent mille Turcs. Début février 2008, un immeuble a été incendié en Allemagne, incendie dans lequel cinq enfants et quatre adultes ont perdu la vie, et une soixantaine de personnes ont été blessées, tout ça parce que l'immeuble abritait plusieurs familles turques. C'est un exemple parmi tant d'autres.

On ne peut pas accepter ce type d'attentat contre des immigrés, mais il faut aussi comprendre ceux qui vivent autour de ces concentrations de populations étrangères, même si encore une fois, tout acte violent contre ces gens entassés par communautés entières, est absolument inacceptable et condamnable. Mais, comme c'est parmi les immigrés que l'on compte la plus grande population de chômeurs, on y trouve aussi le plus grand nombre de délinquants et par conséquent le raccourci est vite fait pour que l'on montre du doigt les Turcs et qu'on les accuse de tous les maux.

C'est vrai que, parfois, ces immigrés transportent en Europe les combats qu'ils menaient dans leur pays. Par exemple, des extrémistes d'extrême gauche turcs sont venus se réfugier en Belgique. Sept militants ont été arrêtés avec des armes. Voilà les risques que l'on court en accueillant tout le monde.

En Angleterre, là aussi la situation est devenue extrêmement inquiétante. Les Anglais ont été très tolérants dans un premier temps. Aujourd'hui, ils le regrettent beaucoup. Nous avons nos banlieues avec des quartiers où la police peut difficilement circuler sans danger ; en Grande-Bretagne, la situation est encore plus grave : il y a des quartiers musulmans dans lesquels les non-musulmans ne peuvent pas entrer. C'est le comble ! Après ça on s'étonnera qu'à la suite des attentats de 2005 qui ont eu lieu contre les transports en commun à Londres, par des kamikazes britanniques musulmans, il y ait eu un vaste mouvement d'indignation. Surtout qu'un sondage avait révélé que 40 % des musulmans de Grande-Bretagne voulaient instaurer la charia chez eux, dans leur quartier, en Angleterre, au royaume de Sa Gracieuse Majesté !

Et l'on a vu l'archevêque de Canterbury dire que l'adoption de la charia, en partie, était inévitable en Angleterre. Inévitable ! Bien sûr, dit-il, il ne s'agit pas d'accepter le châtiment corporel ou la discrimination envers les femmes, mais d'adapter certains passages de la charia islamique aux lois laïques des tribunaux de Grande-Bretagne. Ou encore de créer des tribunaux musulmans pour juger les musulmans selon la charia islamique. C'est le monde à l'envers ! Ça reviendrait à dire qu'il y aurait plusieurs systèmes juridiques pour juger les citoyens d'un seul et même pays. Et si cela se réalise en Grande-Bretagne, pourquoi pas aussi un jour en France ?

Alors bien sûr il a fallu instaurer des quotas de reconduite à la frontière de gens en situation irrégulière. Cela peut en choquer certains, mais on ne peut pas non plus rester les bras croisés et ne même pas parvenir à compter les entrées illégales sur notre territoire.

Que proposent ceux qui ne savent que critiquer ? Qu'on laisse se déverser chez nous tous ceux qui rêvent d'y venir, qu'on renvoie par la porte et qui reviennent par la fenêtre ! Cela sera invivable, pour nous comme pour eux qui ne trouveraient pas de travail. Cette politique de reconduite aux frontières ne peut être efficace que si l'on parvient à passer des accords avec les pays dont sont originaires les immigrés. Et la tournée africaine qu'a faite Brice Hortefeux a permis de tisser des liens avec les responsables gouvernementaux des pays concernés et de passer des accords avec eux. Sauf qu'il faut encore que ces accords soient respectés. Et qu'ils soient les mêmes entre tous les pays d'Europe. Sinon, les immigrés continueront d'aller, dans un premier temps, vers le pays le plus accueillant pour eux, et ensuite rejoindre le pays de leur choix, en Europe.

Pour une fois, l'Algérie a semblé jouer le jeu et prendre le problème au sérieux. Une loi vient d'être adoptée qui punit sévèrement toute sortie illégale du territoire. Depuis leurs côtes, les Algériens candidats au départ pour la France, l'Espagne, la Sardaigne ou la Sicile sont très nombreux. Beaucoup meurent en mer, d'autres rebroussent chemin, et les autorités algériennes ont arrêté en 2007 plus de mille cinq cents candidats illégaux au départ. Heureusement, car là-bas, le phénomène avait pris une grande ampleur, non seulement avec les Algériens eux-mêmes, mais aussi avec des immigrés venus d'Afrique noire.

Le Maroc et la Tunisie ont adopté des positions semblables et l'immigration en provenance des côtes d'Afrique du Nord vers l'Europe devrait baisser doucement dans les années qui viennent. Une lueur d'espoir mais à laquelle je ne crois qu'à moitié.

Ceci démontre qu'il fallait tout de même se saisir du problème il y a bien longtemps, et que le gouvernement actuel l'a fait. Hélas, les résultats sur l'insécurité ne se font pas encore sentir.

L'exemple de cette fameuse et triste « jungle » de Calais montre qu'on ne peut pas fermer les yeux éternellement sur ces situations, même si elles sont provisoires. Ces Irakiens, Kurdes, Afghans, Pakistanais qui fuient leur pays et qui veulent traverser la Manche, vivent dans des abris de fortune, en attendant de trouver le moyen de passer en Angleterre. Mais pour eux, pour ces centaines de réfugiés cachés dans leurs camps de toile, la situation est intenable, comme pour les habitants des maisons et des agglomérations avoisinantes. Conditions de vie insalubres, des déchets qui jonchent les terrains, des branchements pirates sur les sources d'électricité, des agressions... Tout ça entraîne l'exaspération des riverains qui vivent là depuis toujours et qui sont chez eux.

Alors bien sûr, la France est une terre d'accueil, mais là encore on ne peut pas rester les bras croisés, sinon on finira par transporter chez nous tous les conflits du monde.

La décision, en septembre 2009, de démanteler cette jungle a heurté quelques associations. Il a fallu envoyer des bulldozers qui ont rasé les bidonvilles, des bûcherons et des nettoyeurs ont redonné à la place une apparence naturelle. Ces centaines de migrants se sont éparpillés dans les bois et dans les forêts des environs, et le problème renaîtra bientôt.

Là encore, il faut prendre le mal à la racine et empêcher ces migrants d'entrer en France. Et surtout, pourchasser les passeurs, où qu'ils soient, impitoyablement. Ils se font de l'argent sur le dos des fuyards qui dépensent toutes leurs économies pour aller vers cet Occident qui peut les sauver de leur misère. C'est tout du moins leur rêve, cet Occident qu'ils voient comme un miroir aux alouettes. Pour l'instant les migrants de Calais sont repartis dans la clandestinité.

Cette action a été une première étape. Mais elle ne suffira pas, c'est certain.

Si on établit la carte de l'insécurité en France métropolitaine, on voit que le plus fort taux de violence est concentré principalement sur Paris et la région de la Seine-Saint-Denis. Viennent ensuite les Alpes-Maritimes, la Seine-Maritime, le Rhône, avec les Bouches-du-Rhône, puis le Val-d'Oise. Oui, la Seine-Saint-Denis emporte haut la main ce triste palmarès. En résumé, les régions les plus touchées sont Paris et la région parisienne, le Nord, et le Sud-Est. Si on veut avoir la paix, il vaut mieux aller vivre au fin fond de la Creuse. Mais cette boutade ne résout pas le problème qui n'a jamais été aussi grave, aussi préoccupant. Surtout que les statistiques de 2009 vont exploser les données des années précédentes. Et cela sans compter les Antilles où la Guadeloupe est en haut de la courbe, devant la Martinique, avec une population importante de jeunes déboussolés. La crise y est profonde, très enracinée.

Les délinquants sont partout de plus en plus jeunes : quinze ans, quatorze ans, et même plus jeunes encore, mais très violents avec des attaques en nombre. Selon la loi, que peut faire un juge face à ces enfants, qui sont aussi dangereux que des adultes ?

Il y a les violences contre les personnes, mais il y a aussi les violences et dégradations des biens matériels. Les voitures incendiées, par exemple. Pour une ville comme Vitry-le-François, on compte plus d'une centaine de véhicules incendiés par an.

Le bilan annuel est incroyable : plus de quarante mille voitures sont brûlées en moyenne, chaque année, en France ! Et ces ravages ne se font pas seulement dans les grandes villes comme Paris ou Strasbourg, mais également dans les agglomérations de moindre envergure. Nantes par exemple qui a détenu l'année dernière le triste record d'incendies criminels le soir du réveillon. Nice aussi, et même de toutes petites villes comme Châlette-sur-Loing.

Cette mode lamentable de violence et de dégradation est en augmentation depuis dix ans. Elle s'est même étendue aux zones rurales. Le plus stupéfiant, c'est que le ministère de l'Intérieur se gargarise en trouvant que « la situation est assez stable », que les réveillons de fin d'année sont « relativement calmes ». Pourtant, quand on ramène le nombre de voitures incendiées à l'unité quotidienne, le chiffre est d'une centaine de voitures qui brûlent chaque nuit en France.

Quand on sait que ces incendies ont lieu plutôt dans les quartiers populaires, on constate que ce sont les gens modestes qui en sont les victimes, souvent ceux qui ont trimé des années pour pouvoir s'acheter la voiture de leur rêve. C'est scandaleux !

Quand on cherche à comprendre pourquoi, on constate que les familles à faibles revenus ont été entassées dans la périphérie des villes, ou dans des cités où l'on a construit beaucoup plus d'immeubles d'habitations HLM que d'entreprises. Résultat : chômage plus important qu'ailleurs, qui entraîne pauvreté et délinquance. Certains sont courageux, heureusement, et font tout pour s'en sortir, d'autres réussissent même de belles carrières, et deviennent ministres. Mais la majorité se laisse aller à ne rien faire, à vivoter et à préparer la moindre bêtise. Et le chômage amène les jeunes à la « glandouille », comme l'a dit la secrétaire d'État à la Politique de la ville, Fadela Amara. Quand elle dit elle-même que son propre plan « espoir banlieue » est un plan « anti-glandouille », elle a tout dit. Elle reconnaît que c'est la triste réalité. Dans ces banlieues souvent, en effet, on glande.

Mais si les jeunes glandent, qu'ils passent leurs journées à regarder les mauvais feuilletons américains à la télé avec une canette de bière à la main, qu'ils se lèvent à midi et traînent jusqu'à trois heures du matin à ne rien faire, c'est tout simplement parce qu'ils n'ont pas de travail. Et certains préfèrent vivre des différentes aides sociales plutôt que d'aller travailler officiellement. Car souvent, aux aides sociales, beaucoup ajoutent le travail au noir, mais aussi les trafics de drogue pour arrondir les fins de mois, quand ce n'est pas leur activité principale. Sans travailler, certains veulent pouvoir vivre avec une voiture, des sorties en boîte de nuit, des achats derniers cris de téléphones portables, ou d'autres appareils à la mode. Ils vendent alors du cannabis ou d'autres drogues, et deviennent des petits trafiquants, que les gros bonnets manipulent. C'est tout un monde souterrain qui vit de ces trafics et qui organise souvent ses réseaux chez des jeunes chômeurs. Au départ, ils sont des petits délinquants, des amateurs, mais ils deviennent vite de vrais voyous qui constituent des bandes qui veulent défendre leur territoire.

Ces bandes se battent entre elles et, comme amusement, elles vont jusqu'à se fixer rendez-vous pour s'affronter, se mesurer, et en profitent pour tout détruire sur leur passage et pour piller les vitrines des petits commerçants dans les rues qu'elles traversent. On tend des pièges aux forces de l'ordre, comme on l'a vu, on caillasse des bus et l'on y met le feu, comme à Sevran, où une femme handicapée n'avait pas pu s'extraire du bus et avait été grièvement brûlée. Honteux ! Lamentable !

Se battre contre la police est devenu un sport national. Et comme les peines encourues par les voyous sont très faibles, surtout quand ils sont mineurs, ils récidivent souvent à peine sortis de prison, quand ils ne sont pas acquittés. Les parents n'ont plus aucune autorité, et leurs enfants n'acceptent plus aucune punition. Les valeurs de la famille et de la discipline commencent à la maison. Mais quand les parents baissent les bras parce qu'ils sont dépassés par leur progéniture, c'est la France entière qui en pâtit.

Les statistiques officielles nous donnent des chiffres d'une insécurité en baisse, mais les policiers sont d'un autre avis, eux qui vivent au jour le jour sur le terrain. Selon eux, on fait dire aux statistiques ce que l'on veut : la situation est pire qu'avant.

Il est donc urgent d'installer une tolérance zéro sur tous les délinquants, et de développer l'emploi, où que ce soit sur le territoire. Mais c'est plus facile à dire qu'à faire, et la crise économique internationale n'a pas arrangé les choses. La situation est grave, et l'on ne peut que souhaiter au gouvernement, à celui-ci ou à n'importe quel autre, de réussir à prendre les décisions de fermeté et de relance nécessaires à la réduction de la délinquance. Ces zones sinistrées sont autant de foyers de tension où se développent les racines de la violence.

Lettre de R. G.-V., Caen, le 20 septembre 2009

Mon Général,

J'espère que ma lettre vous trouvera en bonne santé, vous et votre chère Gaby qui a toujours été si essentielle dans votre vie.

Les élections présidentielles approchent car 2012, c'est demain. Le président transmettra à son successeur une France bien malade, au bout du rouleau. Comment la nouvelle venue ou le nouvel élu pourra-t-il la remonter ? Dame la France, comme vous l'appelez souvent, mon Général, Dame la France prend l'eau de toutes parts. Qui pourra colmater les brèches, les valeurs qui ont été perdues ? L'économie fout le camp.

La valeur travail n'est plus.

La valeur respect, non plus.

La justice est totalement inefficace.

L'insécurité est grandissante, et on pourrait allonger la liste de manière interminable, tellement il y a de problèmes à résoudre.

Pour cela il nous faut à la tête du pays une personne qui ait de la poigne, de l'autorité, comme vous mon Général. Vous seriez si bien à cette fonction. Avec vous, avec un président comme vous, alors oui, je croirais à nouveau dans mon pays.

Avec toute mon admiration,

R. G.-V.

CHAPITRE XV

La France d'aujourd'hui et de demain

Nous voilà depuis juin 2007, avec un nouveau président : Nicolas Sarkozy. Il est l'exemple même des chances extraordinaires qu'offre la France.

Ce petit-fils d'immigré dont le père avait fui sa Hongrie natale devenue stalinienne pour voler vers la liberté, la France, est donc parvenu à la plus haute fonction : la présidence de la République française. Voilà un fait qui n'aurait jamais pu se produire, il y a cinquante ou soixante ans. Comme je le disais au début de ce livre, à l'époque nous étions tournés vers notre nombril. Nous vivions encore dans la conception des conquêtes. Dans les années 1950, nous étions en pleine guerre d'Algérie, les Français appelaient le général de Gaulle – le sauveur de la France –, à venir la sauver à nouveau.

Je suis tout prêt à reconnaître les bienfaits de l'évolution des idées. Hélas, dans beaucoup de domaines, en France, on ne peut pas parler d'évolution, mais de régression.

Pourtant, pour ce qui est d'avoir un président qui ne soit pas français d'origine, j'approuve, si l'homme ou la femme qui prend en main les destinées de la France, s'y donne entièrement, sans calculer chaque décision en fonction de son avenir personnel et de sa réélection éventuelle. Il doit se dire en priorité : « Je fais tout pour les Français, et si au terme de mon mandat j'ai réussi à remplir mes engagements, ma mission sera alors terminée et je passerai le flambeau à d'autres. » Le président doit dire aux Français : « Vous m'avez élu sur un programme, ça va être dur, mais je vais tout faire pour tenir mes promesses. » Car, de toute façon, pour relever la France, avec n'importe quel président, qu'il soit de gauche ou de droite, ce sera vraiment dur, à cause des mauvaises habitudes prises dans tous les domaines.

Lorsque le président Giscard d'Estaing m'avait appelé en 1975 à la tête du secrétariat d'État aux Armées, pour remettre de l'ordre dans l'armée après le marasme de Mai 68, j'ai rempli mes objectifs, et quand j'ai pensé avoir terminé mon travail, j'ai donné ma démission. D'ailleurs, Giscard en était stupéfait. Il m'avait dit que d'habitude les ministres s'accrochent à leur portefeuille. Mais moi, j'ai même dû revenir plusieurs fois à la charge pour que le président accepte finalement que je démissionne. Mission accomplie, Monsieur le Président : je peux partir.

Cette méthode, chaque homme politique devrait se l'appliquer, qu'il soit maire, député, sénateur, ministre ou président de la République. Il vaut mieux être regretté que de se voir poussé au départ.

Élu avec 54 % de voix, le président Sarkozy a eu un début chaotique, c'est le moins que l'on puisse dire. Je disais d'ailleurs « J'attends de voir ». Bien sûr, il n'avait pas la « bouteille » d'un Mitterrand ou d'un Chirac, tous deux étaient de vieux politiques, de vieux routiers qui étaient passés par toutes les phases, avant d'accéder à la présidence. Tous avaient soif de pouvoir et visaient depuis longtemps cette fonction suprême. Mais Nicolas Sarkozy en voulait peut-être plus que les autres. Son père avait été clochard à son arrivée en France. Puis à la Légion étrangère et peu à peu et à force de travail, il est parvenu à l'aisance. Son fils Nicolas travaillait d'arrache-pied, déjà tout jeune quand il se relevait la nuit pour faire ses devoirs. Jeune adulte, il préparait son plan de bataille politique. Il avait de grands projets, même bien avant d'avoir pris la mairie de Neuilly-sur-Seine, en poussant dans les orties son prédécesseur, un peu à la hussarde.

Mais une fois élu, n'importe quel président de la République est mis au pied du mur. Et pour escalader et franchir toutes les barrières qui se dressent naturellement, plus tous les pièges que les opposants lui préparent, il faut être d'une sacrée trempe. Finalement, les présidents ont beau avoir le gouvernement qu'ils ont choisi, ils sont en fait très seuls à la tête des Français. Quelle responsabilité ! On ne peut rien faire sans être jugé, et c'est bien normal.

Le nouvel élu est là parce que chaque électeur s'est prononcé sur son choix. Si nous avons voté, nous avons tous notre mot à dire.

Dès que le président Sarkozy – ou son gouvernement – décide de déplacer une caserne, un tribunal, une école, il fait des mécontents. C'est évident. Nous sommes tous attachés à nos habitudes, à notre confort. Les commerçants perdent leur clientèle. Le trajet pour accompagner ses enfants en classe est plus long que par le passé... Pourtant nous avons élu le président sur son programme : le changement. Il annonçait clairement la couleur. Mais aujourd'hui, dès qu'il modifie quelque chose, il y a bien sûr toujours quelqu'un pour rouspéter. Or, là encore, nous ne pouvons pas rester sans rien faire en attendant le désastre !

Je suis avant tout pour un président qui prend la France à bras-le-corps et qui la fait avancer. Pas pour rester nos deux pieds dans le même sabot. Autrement où allons-nous ? Les gens travaillent de moins en moins et, avec les 35 heures, nous sommes les champions du monde du minimum d'heures travaillées. Les Français sont de plus en plus assistés, ont une durée de vie qui se prolonge et sont attachés à conserver leur retraite. D'ailleurs, jusque-là personne, aucun Premier ministre n'a voulu s'attaquer à ce dossier sensible, comme une patate chaude qu'on passe au suivant. Enfin, ça a été fait. Non sans mal. Non sans grèves et manifestations. Mais c'est l'avenir des « jeunes » de plus de soixante ans, qui était en jeu. Et pour des générations. Il fallait percer l'abcès, et résoudre le problème d'urgence, sinon qui aurait financé les futures retraites ?

Dans le même temps, les déficits publics continuent d'enfler. Le chômage a été en régression pendant quelques mois, jusqu'à ce que la crise internationale vienne détruire tous les efforts, et voie repartir les fermetures d'usines et les licenciements.

La plupart des Français veulent pouvoir aller faire leurs achats le dimanche, prendre leur temps pour choisir, flâner, se promener dans les hypermarchés. Mais en même temps, personne ne veut travailler le dimanche. Etc. Il faut avoir la foi bien accrochée au corps pour faire les réformes promises.

Deux ans et demi, c'est la moitié du quinquennat. Un mandat qui n'a pas très bien débuté, il faut le dire, même si Nicolas Sarkozy est un énorme travailleur. Là, je le comprends. Même si nos emplois du temps ne peuvent pas se comparer, à mon petit niveau et à quatre-vingt-treize ans et demi je ne peux pas m'arrêter et n'ai pas de samedi, pas de dimanche, ni même de vacances. Gaby me le répète assez souvent. Depuis des dizaines d'années nous n'avons pas pris le temps de profiter de la vie, ou même de retourner à Nice où nous nous sommes mariés. Les visites succèdent aux visites et le courrier n'arrête pas. Alors pour le président, n'en parlons pas.

Il a été aussi très habile politiquement en élargissant à gauche, au centre et à droite ses choix d'hommes et de femmes pour son gouvernement. En agissant de la sorte, d'abord il prend les meilleurs pour la France, et en même temps il affaiblit ses adversaires, et asphyxie l'opposition. Des figures comme Fadela Amara, Éric Besson, Frédéric Mitterrand sont marquantes. Il reprend aussi des idées de gauche et il lui arrive même de citer François Mitterrand en référence. C'est une stratégie sacrément calculée. De Gaulle avait constitué un gouvernement « pluriel », comme on dit maintenant, en réunissant des ministres de toutes les sensibilités.

J'ai été motivé par le même souci, quand, à l'Assemblée nationale j'ai présidé la commission de la Défense. J'ai alors constitué une équipe qui ne comptait aucun bras cassé, avec des députés de toutes tendances, tous avec un seul et même objectif: travailler sérieusement pour le bien de la France. Et ça a formidablement fonctionné.

Avec Sarkozy, j'ai beaucoup apprécié la relance de l'identité nationale, savoir que l'on est français, et ce que signifie aussi d'être français pour tout étranger naturalisé. Dès lors que l'on veut être français, et que l'on a obtenu la nationalité et tous ses avantages, il faut se comporter comme tous les citoyens et s'intégrer à la République, en respectant ses lois, et ses devoirs. Là encore, le président a été très habile en confiant ce dossier à Éric Besson, redoutable ministre en charge des deux sujets parmi les plus importants pour la France: l'immigration et l'intégration. Avoir conscience de cela, c'est avoir conscience de l'identité nationale.

Bien sûr certains dossiers demeurent encore à l'état d'échec. Et je l'ai bien démontré dans ce livre. La situation de la France au point de vue de la sécurité est catastrophique. Et là, que l'on soit de droite ou de gauche, tout le monde en souffre. Les délinquants se moquent bien de la couleur politique de leurs victimes.

L'échec est d'autant plus cuisant pour le président Sarkozy qu'il a été ministre de l'Intérieur, et qu'il était donc au fait de la situation avant de prendre les rênes du pouvoir. On a beau nous dire que l'insécurité n'a pas augmenté, pas un jour ne passe sans que la presse rapporte des faits inadmissibles comme certains que j'ai signalés dans d'autres chapitres de ce livre.

J'ai souvent une pensée pour le Premier ministre François Fillon, pour lequel la vie à la tête du gouvernement ne doit pas être facile tous les jours, à côté de l'hyperprésident qui bouscule et décide de tout. En fait, François Fillon a su utiliser sa discrétion pour durer. Il laisse ses ministres s'exprimer et donc dire parfois des bêtises, pendant que lui travaille dans l'ombre. Ce n'est pas une mauvaise méthode ; à en lire tous les sondages, il est régulièrement devant le président. Il a pourtant refusé de faire l'émission de Michel Drucker qui est une des plus populaires de la télévision. Tout en douceur, en efficacité et en rigueur, il a su finalement imposer son style.

Sur le plan international, c'est vrai que le couple Merkel-Sarkozy a bien relancé la relation franco-allemande, pour contribuer à bâtir une Europe qui agit, mais qui agit vraiment. Quand j'ai assisté au 14 juillet 2008, devant mon poste de télévision comme la majorité des Français, là je me suis dit qu'il avait réussi la première étape de son examen de passage en invitant ces quarante-trois chefs d'État, dont beaucoup des pays arabes. Il redonnait à la France une image de sa grandeur, et en profitait pour sensibiliser les visiteurs étrangers aux ventes de matériel militaire français. De même, il resserrait les liens avec des pays qui peuvent avoir une influence dans les relations internationales, notamment au Moyen-Orient. Le meilleur exemple en est le lien entre la Syrie et l'Iran.

Il faut se souvenir qu'il avait réuni la veille, pour le sommet euro-méditerranéen, la plupart des chefs d'État du pourtour de la Méditerranée, et surtout les ennemis jurés du Moyen-Orient, Ehud Olmert, Premier ministre d'Israël, face à Bachar el-Assad, président de la Syrie, en conflit avec Israël depuis 1948. En plus de ces deux présidents, il y avait aussi le tout nouveau président du Liban et celui de l'Autorité palestinienne. Plus tous les autres responsables du Maghreb, et d'Europe, qui devraient ensemble développer plusieurs projets pour les pays de la Méditerranée. Si ça peut contribuer à la paix dans ces régions et au développement des peuples, alors bravo !

La première grande réussite de ce sommet euro-méditerranéen a donc été de rapprocher les ennemis héréditaires, et redonner ainsi à la France un peu de ce rôle qu'elle avait par le passé, le rôle de grande puissance, que le monde entier regarde et consulte quand les choses vont mal. Et si l'on disait auparavant que quand on n'a pas de pétrole on a des idées, aujourd'hui la situation internationale exige que quand on n'a pas de pétrole, mieux vaut avoir des amis qui en ont.

Depuis la Révolution française, puis avec nos grands esprits et avec Napoléon, et même de Gaulle, nous étions un point de mire aux yeux du monde, mais depuis de nombreuses années, cette image s'est bien ébréchée. Il était temps d'essayer de la redorer, même si je ne me fais pas trop d'illusions.

Nicolas Sarkozy est aux commandes du pays, comme il tient à être aux commandes de tout. Bien sûr il est jeune, mais je me demande comment il fait pour connaître tous ses dossiers, et agir à tout moment, sur tous les sujets, en France, et partout dans le monde, comme avec la présidence européenne qu'il a prise alors qu'il venait à peine d'hériter de celle de la France. Il veut tout régenter, va sur les sites en grève, devient représentant de commerce et vend des Rafale lors d'un voyage au Brésil, contrôle la politique et les hommes qui la font. Pourtant quand il était ministre de l'Intérieur, il ne supportait pas que le président Chirac lui impose des nominations de préfets, par exemple. Maintenant qu'il est président, les ministres de l'Intérieur, quels qu'ils soient, n'ont pas droit à la parole. Il est le patron et entend l'être complètement.

Cette omniprésence lui a joué des tours parfois, et il doit regretter certains comportements ou certains mots de trop. Les comportements de sa vie privée à peine élu, par exemple.

Divorce à l'Élysée, ça a été une première. Puis rencontre express, et remariage tout aussi express avec une femme chanteuse, là encore une nouveauté. Beaucoup disaient à l'époque « un président de la République doit épouser la France ». Mais ce qui a fait pardonner cette précipitation c'est que son épouse est vraiment devenue la première dame de France. Elle est belle, intelligente, distinguée, mais surtout elle a su influencer son mari dans la bonne direction.

Le côté « bling bling », la fête au Fouquet's, les vacances de milliardaire des premiers temps, s'est largement atténué. Il l'a reconnu lui-même, en disant qu'il avait commis des erreurs au début de son quinquennat. Et aujourd'hui, au contraire, il dénonce le grand capital et les patrons voyous qui s'en sont mis plein les poches. Les mots malheureux qui lui échappaient comme « nettoyer au Kärcher », ou « Casse-toi pauvre con », se font plus rares. Or, quand on est président de la République, il faut respecter un certain langage même si on veut faire populaire, se garder des expressions de la rue. Aujourd'hui, il a gagné en retenue. Il a l'air d'être devenu également un peu plus calme. Est-ce le métier qui rentre ou l'influence de Carla Bruni, ou un peu des deux ? Toujours est-il que cela est favorable aux affaires de la France, et c'est l'essentiel.

Tous les présidents arrivent à l'Élysée avec de bonnes intentions : ils veulent sincèrement, je le crois, tout changer. Que ce soit de Gaulle, Pompidou, Giscard, Mitterrand ou Chirac, je crois sincèrement qu'ils ne se sont pas fait élire pour avoir une bonne planque mais pour changer les choses. Sauf que devant tous les obstacles, dont plusieurs paraissent insurmontables, certains se sont contentés de garder la maison France. Je me demande comment Nicolas Sarkozy tient le coup, même si je le trouve souvent fatigué, le visage tiré. Comment sa tête supporte-t-elle ce perpétuel choc des idées ? Pour cela, j'avoue que je lui tire mon chapeau.

Il a absolument voulu ce poste, il l'a, et maintenant il ne s'appartient plus. Pas plus qu'il n'appartient à son épouse. Non. Il appartient à la France, et c'est ce que les Français attendent de lui : qu'il s'investisse entièrement pour le bien du pays.

Pour la France, je souhaite qu'il réussisse, bien sûr, car son combat c'est le nôtre aussi, c'est le mien, comme ce devrait être celui de tous les Français.

En fait, seul le temps permettra de juger, le temps avec le recul qu'il permet. L'histoire finit par porter son regard sur l'action de tel ou tel chef d'État. Alors non, la crise n'arrange pas les choses, mais malgré les situations graves que rencontrent beaucoup de nos compatriotes, nous ne sommes pas en Mai 68, quand Nicolas Sarkozy était enfant. Les fonctionnaires désobéissent, les étudiants râlent, les ouvriers grondent quand leurs usines sont délocalisées ou lorsqu'elles font faillite, les métallos menacent, les producteurs de lait déversent leurs cargaisons, les infirmières manifestent, les profs bloquent les universités, les syndicats défilent, l'opposition hurle… mais quel président de la République, de droite ou de gauche, n'a pas connu ces mécontentements ? Laissons à Nicolas Sarkozy le bénéfice du temps. À la fin de son quinquennat, les Français jugeront.

Pour la bonne marche du pays, tout citoyen doit bien réfléchir et se dire que nous avons tous notre part de responsabilité. Par notre bulletin de vote que nous glissons dans l'urne, par la discipline familiale envers les enfants et l'éducation que nous leur donnons, par notre comportement au travail, par notre attitude avec nos voisins, ou dans la rue, d'une manière ou d'une autre, à un tout petit niveau, n'oublions jamais que nous pouvons tous agir sur le destin de la France.

Lettre de P. B. de Boissy-le-Repos, novembre 2008, adressée à

Monsieur le Président de la République,
Mesdames, Messieurs du gouvernement,

J'ai l'honneur de vous adresser ce courrier.

Le général Bigeard est dans sa 93e année.

Cet officier exceptionnel, le plus décoré de France, fait l'admiration de bon nombre de Français.

Il fut un soldat au service de la France de la même manière que sœur Emmanuelle ou l'abbé Pierre furent des soldats de Dieu, en témoignent ses citations, ses décorations, les livres écrits à son sujet et par lui-même.

Ses récompenses furent acquises en grande partie suite à ses actions en première ligne, au combat, à la tête de ses hommes dont il est si fier.

Il disait « Chaque fois qu'on me tue un de mes soldats on me vole ce qui m'est le plus cher ».

Je suis l'un de ses anciens appelés, volontaire parachutiste, j'ai effectué mon service militaire au 8e RPIMa de Castres en 1963-1965, ce régiment durement éprouvé récemment. Je suis fier d'y avoir appartenu car le béret rouge se mérite.

Le général Bigeard est un symbole et un porte-drapeau national des valeurs que nous ne saurions oublier.

Vous qui en avez le pouvoir, Monsieur le Président de la République, Mesdames, Messieurs du gouvernement, n'attendez pas qu'il ne soit plus de ce monde pour le nommer à la dignité de maréchal de France.

En le nommant, vous rendriez aussi hommage, encore une fois, à tous les combattants de toutes les armes et à tous ceux qui reposent dans les brousses là où la France a envoyé ses fils ; ils seront ainsi moins orphelins, car personne ne vient sur ces tombes sans noms et sans emblèmes.

Le général Bigeard a reçu un jour un drôle de courrier. Celui d'un père dont le fils a été tué sous ses ordres ; celui-ci demandait l'autorisation d'écrire sur la tombe « Soldat de Bigeard ». Ne serait-ce que pour ce garçon mort jeune, permettez à sa famille aujourd'hui de pouvoir graver en dessous « Maréchal de France ».

Ce que vous venez de lire, Monsieur le Président de la République, Mesdames, Messieurs du gouvernement, vous le savez déjà ; j'espère pour lui, pour nos enfants, avoir retenu votre attention et que cette demande deviendra rapidement une réalité.

Bientôt le 11 novembre, Noël, etc.

Aujourd'hui, pour résumer : c'est un deuxième classe qui demande la cerise sur le gâteau pour son général.

Cette demande aurait pu être formulée différemment et beaucoup mieux, je suis un primaire.

Je sais que vous ne m'en tiendrez pas rigueur et que vous saurez lire et interpréter ces lignes comme elles le doivent.

Recevez, Monsieur le Président de la République, Mesdames, Messieurs du gouvernement, l'assurance de ma respectueuse considération.

P. B.

Conclusion

Le prix à payer

Quand je lis de telles lettres, j'ai envie de chialer. J'en ai reçu de nombreuses qui vont dans le même sens, envoyées à la présidence de la République par des personnes que je ne connais pas. Il est certain que je ne demande en aucun cas à être élevé au titre de maréchal de France. Je n'ai jamais rien demandé à personne, ce n'est pas aujourd'hui que je commencerai.

Il n'y a plus eu de telles nominations depuis plus de vingt ans. Les derniers maréchaux de France ont été, sous la IVe République, Jean de Lattre de Tassigny en 1952 et Philippe François Marie de Hautecloque, connu sous le nom de Leclerc, lui aussi en 1952, tous deux élevés à cette dignité à titre posthume. Alphonse Juin a également reçu ce titre en 1952. Mais le plus extraordinaire, c'est le cas, sous la Ve République, de Marie-Pierre Kœnig, mort en 1970, qui a été élevé à la dignité de maréchal de France en 1984, par le président François Mitterrand.

Les lettres aussi belles que celle de P. B. de Boissy-le-Repos, m'aident à tenir, et à vieillir doucement. Vieillir ! Voilà un mot auquel je ne pensais jamais quand j'étais sur mes terrains de combat. D'abord parce que j'étais jeune, et quand on a vingt ou trente ans, on ne pense pas à la vieillesse. C'est celle des autres qu'on voit, celle de ses parents, celle des petits vieux qui ont du mal à marcher, du mal à entendre ou à lire, mais jamais on ne pense à sa propre vieillesse.

Oui, jamais je n'imaginais ma déchéance. Je voulais vivre intensément jusqu'au bout : vivre jusqu'à la mort ! Mais c'est bien de la déchéance de la tête et du corps, qu'il s'agit. Quand j'étais jeune, je frôlais souvent la mort, quand je risquais de prendre une balle en descendant du ciel au bout de mon parachute, dans l'Ariège par exemple, ou quand je sautais sur Diên Biên Phu, ou encore quand je tentais de m'échapper de ma captivité en Allemagne ou en Indochine. La mort, j'y ai souvent pensé, puisque je la voyais autour de moi à chaque bataille, bien présente, trop présente parmi mes camarades. La mort oui, mais pas la vieillesse !

À l'époque, pour nous les jeunes soldats de 1939, nous avions un grand respect des anciens de 1914-1918. Comme je l'ai dit en ouverture de ce livre, ils représentaient le courage, le sens du sacrifice, l'héroïsme de ceux qui avaient vécu la guerre la plus cruelle de l'histoire. Nous ne savions pas encore ce que Hitler allait réserver au monde. On nous répétait les paroles de Clemenceau : « Ceux de 1914-1918 ont des droits sur nous. » Et c'était comme ça que nous le ressentions : les rescapés avaient des droits sur les plus jeunes. Toutes les familles avaient perdu un père, un fils ou un frère au combat. Et ceux qui en étaient revenus portaient des séquelles terribles. Nous croisions souvent des amputés et des gazés qui survivaient difficilement, pendant des années, pour avoir fait don de leur vie à la France. Ils nous racontaient leurs combats et nous transmettaient la mémoire de leur guerre.

Mais aujourd'hui, comment transmettre l'amour de la France aux jeunes générations ? Comment parler de martyrs de la Résistance et de l'horreur des camps sans être pris pour un vieux réactionnaire ? Comment parler de patrie sans être considéré comme dépassé ? De nos jours, les anciens de 1939-1945 sont regardés comme des vestiges dont on ne veut pas entendre les souvenirs. Pourtant ces récits sont souvent des leçons pour le présent et le proche avenir.

Depuis quelques années il m'a bien fallu admettre pourtant que je devenais à mon tour un vestige. Je ne suis pas le seul, bien sûr, et je vois avec plaisir des anciens reprendre le collier, comme Michel Rocard par exemple, qui n'est pas de la toute première jeunesse mais qui a accepté en 2009 de conduire une mission aux côtés d'Alain Juppé, mission que leur a confiée le président Sarkozy. Le temps change l'homme, et il faut avoir le courage de regarder cette triste réalité en face.

Je m'y suis préparé et j'ai tout fait pour affronter l'âge dans les meilleures conditions, pour le faire reculer comme l'ennemi le plus coriace que j'ai jamais connu.

Et vient le temps où l'on apprend à vieillir, où il faut s'obliger le plus longtemps possible à faire un pas, encore un pas, à ne pas renoncer aux efforts qui coûtent mais qui permettent d'avancer, à mener le combat jusqu'à son dernier souffle.

On commence à s'apercevoir que le temps passe, par différents signes. Des signes qui ne trompent pas mais qui s'ajoutent les uns aux autres, insidieusement, imperceptiblement, en douceur, comme un ennemi tapis dans l'ombre qui avancerait en silence pour vous encercler, pour vous paralyser.

Il y a d'abord le corps qui marque les premiers signes de l'âge. Quand on a la chance de conserver toute sa tête, comme c'est mon cas, on en prend conscience petit à petit. Et là on sent bien que la machine ne suit plus. La volonté demeure, comme pour moi il n'y a pas si longtemps encore, mais le moteur a des ratés de plus en plus fréquents.

La presse a souvent parlé de mon footing quotidien. Je l'ai toujours fait. Quand j'étais militaire nous avions nos séances de marche et d'entraînement tous les jours. On crapahutait pour maintenir la forme ou par obligation, sur les sentiers de guerre. Puis quand je suis passé à la vie civile, et dès que j'ai pris mes fonctions de secrétaire d'État, j'ai innové en instaurant un footing quotidien avec mon staff, au point que des journalistes nous rejoignaient, prenaient des photos et en faisaient des articles qui m'obligeaient à continuer.

Quand je suis revenu m'installer à Toul, et que j'ai été élu député, j'ai continué à marcher tous les matins, et à nager en faisant mes dix longueurs de bassin à la piscine de la ville. Dans les années 1990, j'ai tenu le même rythme jusqu'il y a peu. Lever 5 heures. Marche au cours de laquelle Gaby et

Marie-France me rejoignaient parfois, puis mes longueurs de bassin à 7 heures. Ensuite retour à la maison pour ma toilette avant de me mettre au travail à ouvrir et lire le courrier, puis à répondre ou à écrire un prochain livre.

J'ai tenu la cadence jusqu'au début de l'année 2006. Pour un gaillard né en 1916, fallait le faire, à quatre-vingt-dix berges ! Mais il est loin le temps où je sautais en parachute !

Reste un de mes exercices quotidiens : aujourd'hui encore, à bientôt quatre-vingt-quatorze ans, la montée de l'escalier de bois qui mène du rez-de-chaussée à mon bureau. Ah, cet escalier ! Combien de fois dans ma vie l'ai-je descendu et remonté ? Il ne se passe pas un jour sans visite. Toujours un lecteur, des paras, des amis. Il y a peu encore, je descendais pour accueillir et raccompagner mes visiteurs. Et cela, plusieurs fois dans la journée : ça complétait mon footing. Je dévalais l'escalier sans regarder le sol, et je grimpais les marches quatre à quatre, sans même y penser.

Mais peu à peu, cet exercice s'est avéré plus difficile : j'ai commencé à regarder où je mettais les pieds, à me tenir à la rampe, et aujourd'hui c'est Gaby qui accueille les gens de passage, et les raccompagne. Je compte mes déplacements, je compte mes pas. Même monter en voiture est un effort, et en descendre aussi.

Gaby, toujours elle, prépare le petit déjeuner, et les repas. Elle veille sur mes médicaments sans lesquels j'aurais peut-être passé l'arme à gauche depuis longtemps. Elle réunit mes cachets dans une petite boîte avec plusieurs casiers, des pilules de toutes les couleurs. Je ne sais pas à quoi elles servent, mais Gaby le sait, c'est l'essentiel. Quand je pense à la jungle indochinoise, aux djebels algériens ou aux déserts... les seules pilules difficiles à avaler, c'étaient celles que tirait l'ennemi.

Gaby, ma femme, ma compagne des bons et mauvais jours, ma base arrière, comme j'ai souvent aimé le dire, mon havre, ma tranquillité, depuis notre rencontre quand j'avais dix-huit ans ! Quel amour il a fallu pour franchir en soixante-dix années de vie commune toutes les épreuves qui nous étaient réservées ! Les guerres, les attentes, les angoisses, les séparations et les retrouvailles. Une histoire plus belle que toutes celles qu'on peut lire dans les grands romans d'amour.

Et le corps ! Où est ce beau corps musclé de para au regard d'acier qui marchait la tête haute, qui défilait au pas, sur les Champs-Élysées ou ailleurs ? Aujourd'hui j'avance plutôt en regardant mes pieds. Mes anciennes blessures, celles de balles ou des chutes, me rappellent souvent qu'elles sont là, elles aussi, et que même si elles n'ont pas laissé de cicatrices visibles, elles n'ont pas oublié les moments que nous avons partagés.

De plus les multiples sauts, avec l'arrivée sur le plancher des vaches, n'arrangent pas un homme. Ce choc au sol, répété des centaines de fois, laisse des traces dans les genoux, dans les hanches, dans la colonne vertébrale, et le temps ne les efface pas. Les os, les articulations, les cartilages se souviennent de tous les chocs, les ont enregistrés avec une sacrée mémoire ! Je peux hélas en témoigner aujourd'hui.

Autre signe des temps aussi : j'étais régulièrement invité à participer à des émissions de télévision, le plus souvent à Paris. J'y allais de bon cœur, pour m'exprimer toujours aussi franchement, sans détours. Je profitais de ces allers et retours pour faire des achats de vêtements, pour renouveler mes costumes, mes chemises, mes cravates, non pas que j'aie aimé faire du lèche-vitrines, ça jamais ! Mais j'ai toujours tenu à être très correctement vêtu, et même encore chaque jour, à la maison. Je trouve que ça contribue à maintenir en forme. Je m'oblige à m'habiller pour recevoir les visiteurs, prévus et imprévus, et ils sont nombreux.

Eh bien, aujourd'hui, je rechigne à ces déplacements, et comme la télévision se déplace elle aussi moins facilement que par le passé, j'apparais moins sur le petit écran, ce que me font remarquer fréquemment les gens qui m'écrivent.

Je n'ai jamais triché sur mon âge, et aujourd'hui à quoi cela servirait-il ? Au contraire, les journalistes le rappellent sans cesse comme un exploit de plus que j'aurais accompli. C'est vrai que cela tient un peu de l'exploit, celui d'être passé à travers tous les pièges que m'ont tendus les combats. Et depuis plus de dix ans maintenant, j'entends ou je lis des phrases du type : « Bigeard quatre-vingts ans, en pleine forme ! » Puis plus tard les mêmes titres avec quelques années de plus, quatre-vingt-cinq, quatre-vingt-dix... comme si on voulait me dire, c'est formidable mais quand cela s'arrêtera-t-il ?

Eh bien, je tiendrai, du mieux que je pourrai. Je n'ai jamais plié sans combattre, et ce n'est pas aujourd'hui que j'abandonnerai la lutte.

Quant à l'esprit ! Je mesure l'immense chance que j'ai d'avoir encore toute ma tête. Bien sûr de temps en temps j'appelle Gaby à la rescousse pour tenter de retrouver un nom, une date, un lieu, mais l'un dans l'autre, je me maintiens.

Le grand âge a aussi ses bons côtés. Il apporte une meilleure connaissance de l'homme, plus développée que lorsqu'on est jeune. J'ai toujours eu le pif pour jauger un gaillard. Quand je devais former des appelés pour en faire de vrais soldats, je me faisais vite une opinion. Mais avec les années, cette faculté de sentir le bonhomme qui est en face de moi s'est affinée : c'est tout simplement l'expérience ! Elle va avec le temps.

Combien ai-je vu de gens plus ou moins bien intentionnés venir me proposer des projets plus ou moins tordus ? Encore récemment, un monsieur très bien sous tous rapports qui voulait créer un musée Bigeard. Mais mon musée personnel est ici dans mon bureau, dans les objets que j'ai rapportés de tous mes terrains de combats, ou des postes qu'on m'a confiés en Afrique ou ailleurs. Mon musée est dans mes livres, mais surtout dans ma mémoire. Je ne suis jamais à Toul. Toujours à parcourir le monde par la pensée.

Avec l'âge, il y a une autre notion qui naît et à laquelle je n'avais jamais songé auparavant. C'est le sentiment que la date fatidique se rapproche et qu'il faudrait que j'aie eu le temps de tout transmettre avant le départ. Chacun de mes livres a marqué une étape, ou a été la conséquence d'un moment important. Autant d'ouvrages par lesquels je voulais laisser un témoignage. L'Indochine, par exemple, dont j'ai traité dans *Pour une parcelle de gloire*, mais aussi dans *De la brousse à la jungle*. Puis après mon retour là-bas en 1994, l'album que j'ai publié, *Ma guerre d'Indochine*, dans lequel je racontais, photos à l'appui, les actions de cette guerre oubliée. Ainsi que *Lettres d'Indochine* dans lequel j'ai réuni les courriers échangés entre soldats au front et leurs familles, ou entre les fiancés qui parfois ne se sont jamais retrouvés. Pareil sur la guerre d'Algérie, avec l'autre album *Ma guerre d'Algérie*. Là encore, j'ai voulu laisser une trace de ce qu'avait été ce triste épisode de notre histoire.

Avec les livres qui ont suivi, ma démarche a été la même : témoigner avant de partir, avec cette sensation que le temps restant à parcourir se raccourcissait. Il fallait, comme avec ce *Dernier round*, transmettre, encore transmettre, avant le grand départ qui se rapproche chaque jour davantage.

Voilà une notion nouvelle, celle de la limite de la vie. Jamais, quand j'étais jeune, je n'en avais pris conscience. Aujourd'hui j'ai le sentiment que je n'aurai pas le temps de dire tout ce que je voudrais dire.

Et puis il y a aussi ceux qui disparaissent.

Bien sûr je connais beaucoup de gens, et plus on en connaît plus ils sont nombreux à nous quitter. Des compagnons d'armes, d'Indo, d'Algérie, qui avaient survécu aux batailles, échappé aux pièges et aux camps de la mort. Puis, rendu à la vie civile, de nombreux compagnons de l'Assemblée nationale, ou des personnalités régionales, des amis… puisque tout le monde finit par partir. Massu en 2002 ; sa disparition a marqué pour moi une étape. Des jeunes aussi, beaucoup trop jeunes pour mourir. De grands artistes qu'on croit éternels parce que les films nous les montrent et les remontrent à la télévision, comme Gabin, de Funès, Ventura, Noiret et les autres. Encore tout récemment, en août 2009, mon ennemi de toujours : Giap. Là j'aurai été au moins victorieux sur la durée. Je lui ai survécu.

Je me rappelle une émission de télévision qui avait été montée autour de moi, quand mon double de cire avait fait son entrée au musée Grévin en 1995. On avait placé ma statue près de celle de Giscard. L'émission présentée par Frédéric Mitterrand, aujourd'hui ministre de la Culture, s'intitulait : *C'est votre vie*, et j'en étais l'invité d'honneur. Des témoins et des amis avaient été conviés sur le plateau, dont le comédien André Pouce, célèbre par ses rôles de mauvais garçon au cinéma et aussi par sa gouaille de voyou. Nous parlions de nos camarades et de nos proches disparus : il avait eu cette réplique que je n'ai jamais oubliée, qui aurait pu être écrite dans un dialogue de film à la Audiard, et qu'aurait prononcée Gabin : « Mon carnet d'adresses, c'est un vrai cimetière ! »

Je me souviens d'un triste épisode que j'ai vécu en 1995. Un homme que j'avais admiré pendant des années, Jean-Jacques Servan-Schreiber, grand journaliste, écrivain, patron de presse, fondateur de *L'Express* et des *Échos*, avait souhaité m'inviter à déjeuner. Il voulait me revoir après pas mal d'années qui nous avaient éloignés l'un de l'autre. Nous nous sommes retrouvés au restaurant du Cercle militaire à

Paris, place Saint-Augustin, où son épouse l'avait accompagné. Je me réjouissais, moi aussi, de le revoir, mais j'ai eu une bien triste déconvenue : cet homme si brillant, qui avait fait et défait des carrières de grands responsables politiques, avait perdu la mémoire. Quelle vacherie, la vie, parfois !

Pour ma part je m'oblige à maintenir mon esprit dans la meilleure forme possible : le téléphone et le courrier m'aident beaucoup à conserver toutes mes facultés. Lire la presse fait partie de ma discipline quotidienne. Je vois tourner le monde, et combien il change : la Chine qui dévore le reste de la planète, un Obama mi-blanc mi-noir élu à la tête de la plus grande puissance du monde, avec tous les espoirs qu'il fait naître ! Le 11 septembre 2001, huit ans ! Et je me dis de tel ou tel événement : « Déjà ! » Oui, souvent, il y a si longtemps déjà. En juillet 2009, on fêtait l'anniversaire du premier pas de l'homme sur la Lune, et je me suis surpris à penser : « Quarante ans ! Pourtant c'était hier ! »

Je continue chaque jour à parcourir les lettres qui me sont adressées : elles m'apportent un grand plaisir. Des lettres formidables qui me racontent comment va la France, mais qui me demandent aussi de continuer à dire ce que je pense sans craindre qu'on m'en empêche, comme ça a toujours été le cas.

Ces lettres, je les ouvre moi-même, je tiens à le faire. C'est un peu une politesse envers ceux qui m'écrivent. Puis je les lis, et conserve les plus belles dans un album où je les classe. Elles seront là, après moi, comme autant de témoignages d'amitié, comme autant de pages de l'histoire qui contribue à me maintenir en vie. Quand je découvre ces mots toujours aimables, sans jamais aucun reproche, quand je me mets à rédiger mes réponses, alors j'oublie toutes mes douleurs, mon mal de dos, ou cette carcasse rouillée qui grince de tous côtés, et qui ne veut plus m'obéir. J'écris tout cela avec distance, car je l'ai toujours dit, il faut savoir ne pas se prendre au sérieux.

Chaque jour, quand j'entre dans mon bureau, je vois la photo accrochée au mur du lieutenant Sentenac : il est entrain de mourir dans les sables du désert, au cours des combats de Timimoun, en Algérie, en 1957. Une balle l'a fauché en pleine jeunesse. Il a laissé dans la mémoire des siens, dans celle de ses amis et de ses compagnons de combat, cette superbe image immortalisée par le photographe, Didier Flament. L'image de la force, de l'héroïsme, de la beauté, celle d'une gueule de play-boy qui devait faire des ravages dans le cœur des femmes.

Moi, je lui ai survécu de plus d'un demi-siècle. Le terminus néanmoins se rapproche à grandes enjambées et l'image que me renvoient les miroirs est celle d'un vieux caïman aux yeux pochés, comme j'aime à le dire.

Et je connais aujourd'hui la vieillesse.

Le prix à payer.

Un poème qui aide à durer,
dédié au général Bigeard
d'Ange Paul Costanzo

Des rizières d'Indochine aux sables du désert
Tu fis bien mieux que d'autres ton métier de soldat,
Entrant dans la légende vivant, j'en désespère,
Ne pouvant inventer ce que tu ne fis pas.

Tandis que sifflent encore les balles à tes oreilles,
Tu livres au crépuscule ton plus glorieux combat,
Sous le regard vivant de ces dieux qui sommeillent
À cette faux sans pitié, qui vient à petits pas.

La mort ne voulut pas que tu meures en soldat,
Tant tu la méprisas tout au long de ta vie.
Elle te fera plier, tu ne choisiras pas,
En t'imposant enfin, de mourir dans ton lit.

N'aie crainte mon Général, c'est le sort des seigneurs,
De cette ultime épreuve, tu sortiras grandi,
Bonaparte avant toi connut ce grand malheur,
Mais la mort vengeresse encore une fois perdit.

ANNEXES

Les documents ont été gracieusement offerts
au général Bigeard par la banque Société générale.

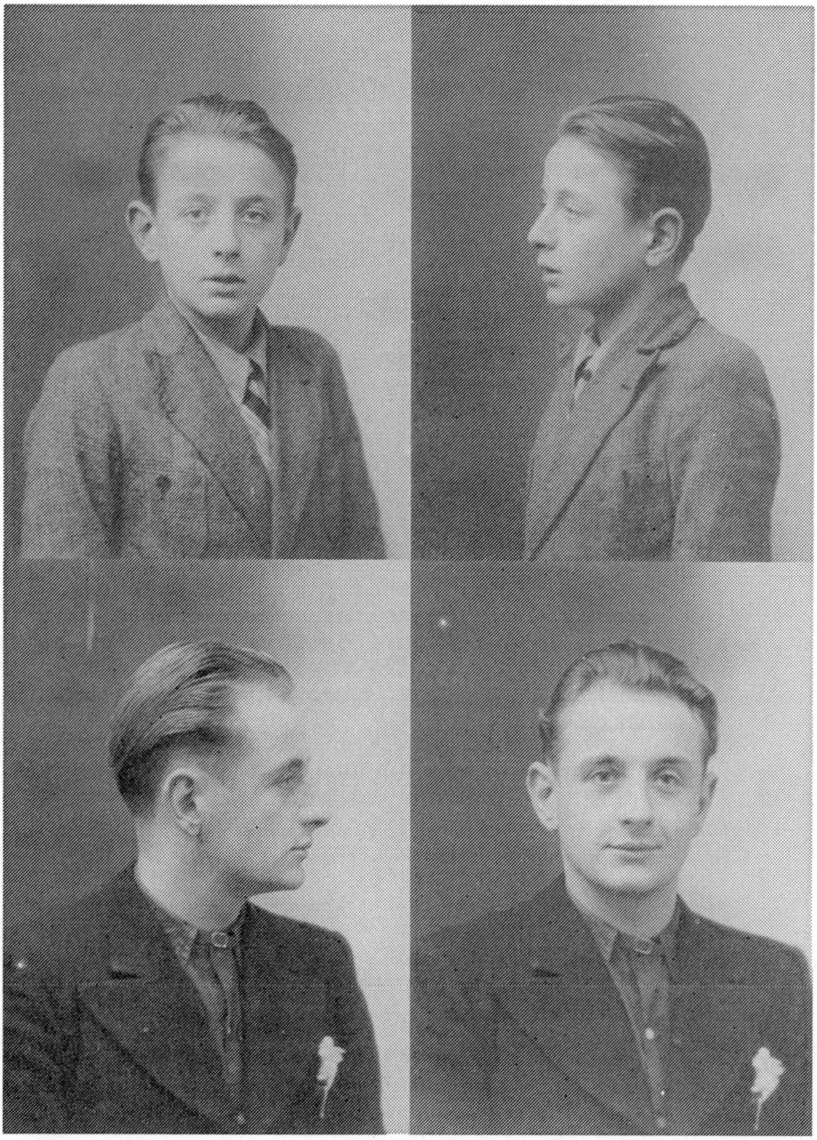

SOCIÉTÉ GÉNÉRALE
pour favoriser le développement du Commerce et de l'Industrie en France

Paris, le 16 septembre 1930

CO/JH

SERVICES DU PERSONNEL
RECRUTEMENT

AGENCE de TOUL

Affaires : BIGEARD Marcel
Votre note du I3 courant.

En vue du remplacement numérique de M. PLENET, nous sommes d'accord, en principe, pour l'admission du jeune BIGEARD, comme auxiliaire (employé).

Toutefois, nous vous prions de nous exposer les raisons pour lesquelles vous proposez d'attribuer au postulant âgé de I4 ans et qui n'a occupé aucun emploi, des appointements supérieurs de 0,50 au taux -9 frs.- prévu pour les débutants de son âge.

Il conviendrait de ne pas l'avantager avant de vous être rendu compte de ses aptitudes. D'ailleurs vous pourriez proposer un relèvement de son traitement à l'occasion de chaque anniversaire de sa naissance, jusqu'à l'âge de 23 ans.

Nous prendrons une décision définitive quand vous nous aurez envoyé le certificat médical d'usage.

L'INSPECTEUR, détaché
aux Services du Personnel,

L. Monchana

S. G. T. - 5.619 - 14-4-1930 - N° 45 19.

Expéditeur : **SOCIÉTÉ GÉNÉRALE**

TOUL (NANCY 146), le 7/2 1933

Destinataire : AGENCE DE NANCY

Affaire :

PERSONNEL

BIGEARD Marcel.-

Notre appréciation sur l'employé auxiliaire BIGEARD Marcel formulée dans notre réponse du 26 Novembre 1932, n'a pu que se confirmer au cours des trois derniers mois.

Nous sommes en présence, chose assez rare maintenant, d'un bon petit sujet appliqué et ardent au travail, qui se montre dévoué et ne compte pas son temps et ses peines.

Quoique jeune encore, puisqu'il n'aura 17 ans que le 14 courant, il comprend bien ce qu'il fait et s'attache à ne faire que du travail ordonné, propre et soigné.

Il suit assidûment depuis leur ouverture, les cours de perfectionnement et nous avons l'impression que son intelligence assimile de façon satisfaisante les principes donnés, selon sa pratique et ses moyens.

Son caractère est souple et sa tenue excellente.

Compte tenu de son premier séjour dans nos bureaux, du 22/9/30 au 31/12/31, BIGEARD a maintenant 18 mois de service.

La satisfaction que son travail nous donne et sa connaissance des Services du Portefeuille et des coupons permettent de ne plus retarder davantage sa titularisation et de le faire bénéficier d'un relèvement d'appointements à l'occasion de son anniversaire.

Vos Dévoués.

LE CHEF DU BUREAU

4/2/33

NANCY, le 8 Février 1933.

RICHARD Marcel - auxiliaire
âgé de 17 ans.

M. RICHARD Marcel est un sujet appliqué et ardent au travail, il se montre dévoué et n'épargne ni son temps ni ses peines.

Quoique jeune encore puisqu'il n'aura 17 ans que le 14 courant, il comprend bien ce qu'il fait et s'attache à ne faire que du travail ordonné, propre et soigné.

Il suit assidument depuis leur ouverture, les cours de perfectionnement et donne l'impression de s'assimiler les principes qui lui sont inculqués.

Son caractère est souple et sa tenue excellente.

En raison de la qualité des services de cet agent, nous vous proposons l'élévation de ses appointements à l'occasion de l'anniversaire de sa naissance et serions d'avis de fixer le chiffre de son traitement un peu au dessus du chiffre indiqué par le barême.

Le Directeur de l'Agence

SERVICES du PERSONNEL

BUREAU de TOUL

PARIS, le 15 Février

TOUL, le 19 février 1934

DEMANDE

Nous vous prions de nous faire connaître ci-contre si les services de M. BIGEARD Marcel qui atteint l'âge de 18 ans justifieraient un relèvement de ses appointements à l'anniversaire de sa naissance.

Au cas où l'intéressé serait particulièrement bien noté, vous auriez à nous faire savoir si, à votre avis ces services mériteraient d'être reconnus par un traitement de faveur.

Bigeard montre toujours autant de zèle et d'application dans son travail. Il a de bonnes dispositions pour le métier et deviendra certainement un bon sujet dans l'avenir.

Nous vous proposons de le récompenser en portant son traitement à 5.200

Vos dévoués,
Le Chef de Bureau:

Répondu le

		Note chiffrée (1)
Instruction Générale	primaire; a toujours été bon élève; suit des cours par correspondance pour développer ses connaissances générales	7
Rédaction et Orthographe	bonnes; a un style agréable et précis	
Tenue	très bonne	8
Conduite	très bonne	8
Intelligence et Initiative	intelligence très ouverte; s'adapte facilement à tous les services et fait montre de beaucoup d'initiative.	7
Activité et Dévouement	travaille très rapidement; a la volonté de surmonter les petites difficultés; son dévouement reste exceptionnel.	9
Caractère	bon mais ferme, obligeant envers ses collègues comme auprès de la clientèle.	6

Appréciation sur le travail très bon élément dont la formation doit être encouragée et poussée. a un très bon rendement au guichet, en travail et en placements.

Quels sont les services qu'il connaît bien ? Portefeuille et coupons; un peu les titres.

A-t-il des aptitudes spéciales (Opérations Commerciales, Titres, Services intérieurs ou Guichet) est capable, par ses moyens et sa bonne volonté, de réussir dans tous les Services; le contact avec la clientèle lui est agréable et sa méthode y réussit très bien.

Suit-il les Cours de perfectionnement ? oui, régulièrement.

A-t-il une bonne santé ? très bonne.

~~Le Sous-Directeur, ou~~ le Chef de Bureau,
(s'il y a lieu)

OBSERVATIONS

Sujet à suivre

Le Directeur de l'Agence,

(1) - Chiffrer de 0 à 10 l'appréciation pour chaque qualificatif.

NOTATION.

10 hors pair	7-6 bon	2 médiocre
9 excellent	5-4 assez bon	1 très médiocre
8 très bon	3 passable	

SOCIÉTÉ GÉNÉRALE

DEPARTEMENT du PERSONNEL
(Agences et bureaux de Paris, de Province et de l'Étranger)

Agence de

Bureau de TO...

NOTE ÉTABLIE LE 23 MARS 1936.

Nom et Prénoms (Souligner le prénom usuel) Bigeard Marcel Maurice *âge* 20 ans

État Civil célibataire *Nombre d'enfants* ( ) (indiquer l'âge de chacun des enfants)

Adresse Fg St Epvre à Toul (M-et-M) *Nationalité* française

Fonctions (indiquer s'il y a lieu les différents services où vous avez été affecté en 1935) Coupons - Portefeuille

Avez-vous des connaissances réelles de langues ou idiomes? non

Appointements annuels au 1-1-1935 5100 F *au 28-2-1936:* 5800

Commissions personnelles perçues en 1935 *Frs:* 549.40

Allocations diverses perçues en 1935 Gratif^on^ *Frs:* 450 –

AGENTS DE PROVINCE
En cas de déplacement, quelle région préféreriez-vous? Appelé au Régiment en octobre 1936
Accepteriez-vous un poste hors de la Métropole? —
(La réponse à ces deux questions est obligatoire)

Congé annuel en 1935 : du 10 au 20 août – 5 au 11 Décembre *1935.*

HOMMES
Situation Militaire Non appelé
Grade — *Classe de mobilisation* —
Service Militaire à accomplir en 1936 sera appelé en octobre 1936
N° de la carte du combattant —

DAMES
Pratiquez-vous la machine à calculer?

SIGNATURE DE L'AGENT
Bigeard

(1) Indiquer suivant le cas : « Non appelé » — « Ajourné » — « Exempté » — « Réformé (...... % d'invalidité) » — « Disponibilité » — « 1re Réserve » — « 2e Réserve » — « Rayé des cadres ».

S. G. - Mod. 358, Série F - T. 21.700 - 18-2-1936 - N° 88.829

Cette page doit être remplie par l'agent, toutefois le Chef de Guichet devra faire vérifier, et rectifier, s'il y a lieu, les indications fournies.

		Note chiffrée (1)
Instruction Générale	Bonne	7
Rédaction et Orthographe	Rédige correctement. Bonne orthographe	
Tenue	Parfaite	9
Conduite	Irréprochable	9
Intelligence et Initiative	Intelligence plutôt vive et faisant preuve d'une certaine initiative	8
Activité et Dévouement	Très actif et très dévoué	9
Caractère	Docile et toujours égal	8

Appréciation sur le travail Bon travail et rapide

Quels sont les services qu'il connaît bien? Titres et coupons

A-t-il des aptitudes spéciales? (Opérations Commerciales, Titres, Services intérieurs ou Guichet) Oui principalement pour le guichet où il est aimé de la clientèle et où il obtient de bons résultats.

Suit-il des Cours de perfectionnement? oui *Lesquels?* Ceux faits par le Chef de guichet

A-t-il une bonne santé? Oui

Le Sous-Directeur, ou le Chef de Bureau,

OBSERVATIONS

Le Directeur de l'Agence,

(1) **Chiffrer de 0 à 10 l'appréciation pour chaque qualificatif.**

NOTATION.

10 hors pair	7-6 bon	2 médiocre
9 excellent	5-4 assez bon	1 très médiocre
8 très bon	3 passable	

SOCIÉTÉ GÉNÉRALE

DÉPARTEMENT du PERSONNEL

(Agences et Bureaux de Paris, de Province et de l'Étranger)

Agence de Nancy

Bureau de Toul

NOTE ÉTABLIE LE MARS 1939.

Nom et Prénoms (souligner le prénom usuel) Bigeard Marcel Maurice *Age* 23 ans

État Civil célibataire *Nombre d'enfants* — (indiquer l'âge de chacun des enfants)

Adresse. Rue de l'abbaye faub. Ste Evre à Toul *Nationalité* française

Fonctions (indiquer s'il y a lieu les différents services où vous avez été affecté en 1937) Titres et Coupons.

Avez-vous des connaissances réelles de langues ou idiomes? non

Appointements annuels au 1-3-1938 — *au 28-2-1939 :* 10760

Commissions personnelles perçues en 1938 *Frs :* 20

Allocations diverses perçues en 1938 *Frs :* 607

AGENTS DE PROVINCE
- *En cas de déplacement, quelle région préféreriez-vous?* —
- *Accepteriez-vous un poste hors de la Métropole?* —

(La réponse à ces deux questions est obligatoire)

Congé annuel en 1938 : du — *au* — 1938.

HOMMES
- *Situation Militaire* (1) Disponible
- *Grade* Sergent *Classe de* { *recrutement* 1936 / *mobilisation* 1936 }
- *Service Militaire à accomplir en 1939* Rappelé sous les drapeaux le 22 mars 1939
- *N° de la carte du combattant* —

DAMES
- *Pratiquez-vous la machine à calculer?* non

SIGNATURE DE L'AGENT,

Bigeard

(1) *Indiquer suivant le cas :* « Non appelé » — « Ajourné » — « Exempté » — « Réformé avec . . . % d'invalidité » — « Dégagé de toutes obligations militaires » — « Requis civil » *pour les* **Non mobilisables** ou : « Pourvu d'un fascicule blanc » — « d'un fascicule rose » — « chargé de mission » — « Restant dans ses foyers » — « Classe 1909 » — *pour les* **Mobilisables.**

Cette page doit être remplie par l'agent, toutefois le Chef de Guichet devra faire vérifier et rectifier, s'il y a lieu, les indications fournies.

TABLE DES MATIÈRES

Composition et mise en pages réalisées par
Sud Compo – 66140 – Canet-en-Roussillon
024/2009

Éditions du Rocher
28, rue du Comte-Félix-Gastaldi
98000 Monaco
www.editionsdurocher.fr

Achevé d'imprimer sur Roto-Page
par l'Imprimerie Floch à Mayenne
en octobre 2009
Imprimé en France
Dépôt légal : octobre 2009
N° d'impression : 74890